ZEITTHEMEN

dietz berlin

Elfriede Brüning

Kinder im Kreidekreis

Ein Report über Zwangsadoptionen und Heimerziehung

Dietz Verlag Berlin

Brüning, Elfriede: Kinder im Kreidekreis
ein Report über Zwangsadoptionen und Heimerziehung /
Elfriede Brüning. – Berlin : Dietz Verl., GmbH, 1992. – 157 S.

ISBN 3-320-01785-3

Reihengestaltung: Gerhard Medoch
Umschlag: Michaela Barthel
Printed in Germany
Gesamtherstellung: Graphischer Großbetrieb Pößneck GmbH
Ein Mohndruck-Betrieb

Als ich mich Mitte der sechziger Jahre entschloß, eine Reportage über die Arbeit der JugendfürsorgerInnen zu schreiben, ahnte ich nicht, worauf ich mich einließ. Bisher war nirgends in Presse oder Literatur die umfangreiche Arbeit der in den Referaten Jugendhilfe tätigen MitarbeiterInnen gewürdigt worden, ja, hatte diese nicht einmal Erwähnung gefunden. Fehlentwikkelte Jugendliche? Asoziale Familien? Kinder, die von ihren Eltern vernachlässigt wurden? Alles das hatte es in der heilen Welt des realen Sozialismus, der den Menschen Wohlstand und Sicherheit zu garantieren versprach, nicht zu geben. Und auch ich habe lange gedacht, daß sich die Tätigkeit einer JugendfürsorgerIn darin erschöpft, Alimente von zahlungsunwilligen Vätern einzuklagen oder irgendwelche Unterlagen für die Ämter des Personenstandwesens herbeizuschaffen. Eines baldigen Tages würden die Referate der Jugendhilfe wegen chronischen Arbeitmangels überflüssig werden und sich auflösen müssen, dachte ich.

Doch dann erhielt ich einen Brief, in dem mir eine Leserin schrieb: »Ich bin Jugendfürsorgerin, und ich liebe meinen Beruf. Unsere Kinder sind das Schönste und Beste in unserem Leben, wir können nicht genug

Fürsorge und Sorgfalt auf sie verwenden. Darum möchte ich Sie heute auf ein Problem hinweisen, das mich schon lange bewegt, nämlich das der sogenannten Dauerheimkinder. Leider gibt es recht viele davon, und jedes Kind hat ein anderes trauriges Schicksal. Aber eins haben diese Kinder alle gemeinsam: Sie haben Elternliebe niemals kennengelernt. Viele wurden schon als Säugling in ein Heim gegeben, und dort bleiben sie wegen schlechter häuslicher Verhältnisse oft bis zur Volljährigkeit. Ihre Bindung zum Elternhaus ist nur lose. Ich meine, das Schicksal dieser Kinder, die auf das Wertvollste im Leben jedes Menschen, nämlich auf die Liebe eines Vaters und einer Mutter, verzichten müssen, paßt nicht mehr in unsere Gesellschaftsordnung, und ich wäre Ihnen dankbar, wenn Sie dieses Thema einmal in einem Ihrer zukünftigen Bücher aufgreifen würden.«

Der Brief war ein Signal. Tatsächlich hörte ich zum ersten Mal von dem Vorhandensein solcher Dauerheimkinder, aber nun begann ich mich umzusehen und mich mit Erziehern und Erzieherinnen in den Heimen und den zuständigen Ämtern in Verbindung zu setzen. Wochenlang war ich Gast in den verschiedenen Abteilungen der Jugendhilfe; nahm als stille Beobachterin an Sprechstunden teil und machte, zusammen mit den hauptberuflichen FürsorgerInnen, Hausbesuche bei Familien, deren Kinder durch Fehlverhalten auffällig geworden waren. Was ich da zu sehen und zu hören bekam, erschien mir zuweilen kaum glaubhaft. Gab es denn sowas? Bei uns? Alkoholiker, die das Kostgeld der Familie durch die Kehle jagten? Mütter, die ihrem Vergnügen nachgingen, während das Baby unversorgt in der Wiege lag, dem Hunger und der Kälte ausgeliefert? Halbwüchsige, die sich herumtrieben, so daß die Eltern verzweifelt zur Jugendhilfe in die Sprechstunde kamen und Hilfe erflehten? Ich begann meine Umwelt mit neuen Augen zu sehen, und ich begriff, wie vielfältig und verantwortungsvoll die Arbeit der JugendfürsorgerInnen war, die ganze Aktenberge zu bewältigen hatten, keinen pünktlichen Feierabend kannten und die doch niemals vergaßen, daß hinter jeder Akte ein Menschenkind stand, das ihrer Hilfe bedurfte. Ich begann für diesen Berufsstand, der noch nie durch öffentliche Anerkennung ins Bewußtsein der Bevölkerung gedrungen war, dessen Angehörige ein Leben führten, das durch Arbeit und Pflichterfüllung geprägt war und selten genug von Erfolg gekrönt wurde, die größte Hochachtung zu empfinden. Die Arbeit an meinem Buch, das ich später »Kinder ohne Eltern« nannte, hat mir zu Freundschaften verholfen, die viele Jahre lang, und manche noch bis heute, gehalten haben.

Und nun, mehr als fünfundzwanzig Jahre danach, haben sie doch aus ihrem Schattendasein heraustreten müssen, sind sie sogar in die Schlagzeilen geraten, die JugendfürsorgerInnen der ehemaligen DDR – und leider unter negativen Aspekten. Man wirft ihnen vor, sich an Zwangsadoptionen aktiv beteiligt zu haben, ja, in einem Fall soll ein Rechtsanwalt aus Berlin (West) gegen einen Leiter des bisherigen Referates Jugendhilfe sogar einen Strafantrag gestellt haben. Bestehen die Anschuldigungen zu Recht?

Ich konnte nachts nicht mehr schlafen. Ich verschaffte mir alle greifbaren Zeitungen, und es entsetzte mich, was ich da in greller Aufmachung zu lesen bekam. »Hundert Kinder von ihren Müttern weggerissen. Unendlicher Ekel vor dem Honecker-Pack«, hieß es in dem Sensationsblättchen »Super«. Und »Der Raub der Kinder und die Höllenqualen der Mütter«, schrieb auch die »Frankfurter Presse«. Selbst die »Berliner Zeitung« veröffentlichte einen Artikel unter der Überschrift: »Die DDR nahm 150 Berlinern die Kinder weg«, und in der »Berliner Morgenpost« konnte man lesen: »DDR – der Kidnapper-Staat. Margot Honecker ordnete den Menschenraub an«. Die Medien – auch das Fernsehen – überboten sich in der Kolportierung von Greuelnachrichten. Aber waren es nur Greuelmärchen? Ich hatte von Zwangsadoptionen bisher nur im Zusammenhang mit den dreißiger Jahren in der Sowjetunion gehört, wo man Mütter von ihren Kindern trennte und sie – ohne sie anzuhören, ohne Gerichtsurteil! – für Jahrzehnte in Straflager schleppte. Die Kinder wurden inzwischen ohne Wissen der Mütter zur Adoption vermittelt, wobei die annehmenden Eltern der Meinung waren, es handele sich um ein Waisenkind. Das geschah zu Zeiten Stalins. Sollte etwas Ähnliches auch in der DDR geschehen sein, so wäre dies ungeheuerlich. Ich konnte es nicht glauben. Und wenn es doch so war?

Um mir Gewißheit zu verschaffen, begann ich wieder Recherchen anzustellen und mit vielen ehemaligen sowie heute noch tätigen JugendfürsorgerInnen Gespräche zu führen; sie baten mich jedoch im Hinblick auf die zur Zeit in Gang gesetzte Pressekampagne, ungenannt zu bleiben. Ich sprach mit Frau Elke Kannenberg, Leiterin der Clearingstelle Berlin, an die sich die Betroffenen – Adoptivkinder und Adoptiveltern sowie Eltern, denen ihrer Meinung nach Unrecht geschehen ist – wenden können. Wertvolle Hilfe für mein Buch verdanke ich Frau Petra Troppa, Mitarbeiterin im Bundesministerium für Frauen und Jugend in Bonn, sowie den Leitern verschiedener Kinderheime, die ich aufgesucht habe.

Auf einen wichtigen Zeugen habe ich leider verzichten müssen: auf Rechtsanwalt Professor Wolfgang Vogel, den langjährigen Vertrauten Erich Honeckers und DDR-Unterhändler für den Freikauf politischer Häftlinge, also des Menschenhandels. Professor Vogel war nicht zu einem Gespräch bereit, da er, wie er mir ausrichten ließ, beabsichtige, seine Kenntnis über stattgefundene Zwangsadoptionen – ihm seien zwanzig Fälle bekannt, hat er einmal zur »Bild-Zeitung« geäußert, der gegenüber er offenbar freimütiger war – aktenkundlich belegbar in einem eigenen Buch zu veröffentlichen.

Betroffene dagegen, Ehepaare, die mit gutem Glauben ihr Adoptivkind aus einem Kinderheim zu sich holten und ihm eine glückliche Kindheit boten, von der leiblichen Mutter aber heute mit Verleumdungen und Schmähungen überschüttet werden, haben sich nach anfänglichem Zögern überwunden und mir ihre schmerzlichen Erlebnisse mitgeteilt, die sie seit nunmehr mehr als drei Jahren in Atem halten.

Ihnen und allen denen, die mir mit ihrem großen Erfahrungsschatz auf dem Gebiet der Jugendhilfe zur

Seite standen, gilt mein Dank. Ohne ihre Hilfe und ihre große Bereitschaft, der Wahrheit ans Licht zu verhelfen, wäre dies Buch nie zustande gekommen.

Berlin, im Januar 1992 Elfriede Brüning

Streit zweier Mütter

Unter den vielen Veröffentlichungen zum Thema Zwangsadoption, die in den vergangenen Monaten in den Zeitungen – in seriösen wie in unseriösen – zu lesen waren, hat mich ein Fall besonders berührt, weil er am deutlichsten die ganze Tragik aufzeigt, die diesem Kreidekreis-Thema innewohnt: den Kampf zweier Mütter um ein Kind, das letzten Endes auf der Strecke zu bleiben droht. Wer wird freiwillig auf das Kind verzichten? Wer also erweist sich, wie bei Brecht, als die wahre Mutter? Die, die das Kind vor Jahren aus dem Kinderheim zu sich genommen hat, also die Adoptivmutter, oder die Frau, die es geboren hat, es dann aber leichtsinnig einer tödlichen Gefahr aussetzte?

Alexander, um den es geht, das Streitobjekt, hat inzwischen seine Adoptiveltern verlassen und ist zu seiner Mutter ins Badische übersiedelt. Aber wird er dort bleiben? »Mutter und Sohn stehen sich wie Fremde gegenüber«, heißt es in einem Bericht. Und Gisela Mauritz, die zu ihrem nun erwachsenen Sohn, der noch als Vierjähriger in ihrer Erinnerung lebte, schwer den rechten Zugang findet, hat sich einmal bereits zu dem Ausruf hinreißen lassen: »Ach, wärst du doch bloß wieder weg!« Bleibt sie dennoch die Siegerin in diesem Kreidekreis-Drama? Das letzte Wort wird wohl Alexander sprechen, der inzwischen alt genug ist, um über sein weiteres Schicksal selbst zu entscheiden. Und es sieht ganz danach aus, als falle seine Entscheidung nicht zugunsten der leiblichen Mutter, die er mit Vorwürfen überhäuft. Seiner Meinung nach hat sie es sich selbst zuzuschreiben, wenn ihrer beider Leben jetzt, wie er sagt, verpfuscht ist. Denn warum hat sie sich auf das Wagnis eingelassen, mit Hilfe von Fluchthelfern aus der DDR in den Westen zu fliehen? »Sie hat die Gesetze verletzt. Sie wußte, was auf Republikflucht steht. Sie hätte das Risiko nicht eingehen dürfen«, urteilt heute der junge Mann, der zweifellos von dem behüteten Dasein im Hause seiner Adoptiveltern, die in der DDR ein gesichertes Auskommen hatten, geprägt worden ist.

In einem hat Alexander zweifellos recht. Seine Mutter war nicht gezwungen, die DDR zu verlassen. Sie wurde weder verfolgt, noch hatte sie Grund, um ihre Existenz zu bangen. Ihre berufliche Laufbahn war geradlinig, ohne Rückschläge oder zeitraubende Umwege verlaufen. Mit achtzehn bestand sie ihr Abitur, nahm anschließend in Greifswald ein Studium auf, und sie war knapp Mitte Zwanzig, als sie bereits als Diplom-Chemikerin eine zwar nicht hochdotierte, aber doch auf Lebenszeit, wie es schien, gesicherte Stellung in einem volkseigenen Großbetrieb antreten konnte. Nicht ganz so glatt verlief ihr persönliches Leben. Ihr Sohn Alexander, 1970 geboren, wuchs ohne Vater auf. Gisela hatte sich schon vor seiner Geburt von dem Mann getrennt. Sie wollte aber das Kind. Als emanzipierte Frau war sie fest überzeugt davon, daß sie ihr Kind auch ohne einen männlichen Partner, der ihr zur Seite stand, würde aufziehen können. Und als ihr die Hebamme in der Klinik das kräftige Baby zum ersten Mal an die Brust legte, war sie, wie sie später oft beteuert hat, vollkommen glücklich, und kein Wölkchen trübte ihr den Horizont.

Was Gisela Mauritz dennoch einige Jahre später bewogen hat, der DDR den Rücken zu kehren, wissen wir nicht. War es nur Abenteuerlust, wie bei so vielen jungen Menschen? Der Wunsch, auch einmal den Kölner Dom und das Straßburger Münster mit eigenen Augen bewundern zu können, noch bevor man Großmutter wurde? Wahrscheinlich ist vieles zusammengekommen. Der Alltag berufstätiger Frauen und vornehmlich alleinerziehender Mütter war ja auch in der DDR – trotz der Existenz von Krippen und Kindergärten – durchaus nicht leicht. Nach vielen Dingen des täglichen Lebens mußte man wochenlang herumrennen, und die mühsam erworbene Balance zwischen beruflichen und häuslichen Pflichten geriet vollends ins Wanken, wenn ein Krankheitsfall auftrat oder wenn die Krippe, was hin und wieder geschah, wegen Masern oder Mumps geschlossen blieb. Gisela hatte keine nahe Verwandte, Mutter oder Großmutter, die in solchen Fällen einsprang und ihr Kind versorgte. Ihre Mutter war früh gestorben, und mit der Stiefmutter, die ihr Vater bald darauf geheiratet hatte, fand sie wenig Kontakt. Auch Freunde hatte sie kaum. Freundschaften müssen gepflegt werden, wenn sie gedeihen sollen, und zur Pflege fehlte es ihr an Zeit. Einzig zu ihrer ehemaligen Schulfreundin Monika und deren Mann Peter hatte sie die Verbindung nie abreißen lassen. Aber gerade die waren nun illegal nach dem Westen übersiedelt. Sie schickten Gisela Ansichtskarten aus dem schönen Schwarzwald oder vom Rhein. »Komm doch auch her«, schrieben sie an die Freundin. »Als Chemikerin bist du hier sehr gefragt. Peter sieht sich schon für Dich nach einem Job um. Du kannst hier klotzig verdienen.«

Gisela verwahrte die Briefe mit den verlockenden Angeboten in einem besonderen Kästchen, zusammen mit den Ansichtskarten von der Loreley. Damals dachte sie wohl noch nicht ernsthaft daran, es den Freunden gleich zu tun. Aber dann geschah das Unglück mit dem kleinen Sohn. Der Dreijährige hatte sich in einem unbeobachteten Moment auf der heißen Herdplatte die Hand verbrannt und mußte ins Krankenhaus. Mehrere Wochen lang hetzte Gisela jeden Tag nach Feierabend in die Klinik zu ihrem kranken Sohn – während zu Hause die wichtigsten Arbeiten liegen blieben. Trotz aller Belastung fand sie indeß noch die Zeit, an ihre Freunde in Frankfurt am Main einige Briefe zu schicken, in denen sie sich ihren bejammernswerten Zustand von der Seele schrieb.

Der Erfolg sollte nicht lange auf sich warten lassen. Die Freunde bereiteten sie verschlüsselt in einem Antwortbrief darauf vor, daß sie in Kürze den Besuch eines jungen Mannes – eines Fluchthelfers – erhalten würde, dem sie voll vertrauen könne. Und von nun an ging alles so schnell, daß Gisela kaum noch zur Besinnung kam. An einem bestimmten Tag sollte sie sich zusammen mit ihrem Sohn auf der Strecke nach Magdeburg hinter einem Busch versteckt halten, bis ein Lastauto mit Kennzeichen soundso sie aufnehmen würde. Alles geschah nach Programm. Ein gelinder Schreck befiel Gisela, als sie in dem Lastwagen noch zwei Menschen entdeckte, die ebenso wie sie über die Grenze gebracht werden sollten. Und ein weiterer Schreck, nun schon eher einem Schock vergleichbar, durchfuhr sie, als man sie anwies, den vierjährigen Alexander, der munter drauflos plapperte, mit einer Valium-Spritze zum Schlafen zu bringen. Einen Moment zögerte sie, die vom Fluchthelfer schon vorbereitete Spritze an sich zu nehmen – wußte sie doch, daß ihr kleiner Sohn eine panische Angst vor Spritzen hatte. Nun sollte sie selbst, seine Mutter, ihm Schmerzen zufügen? Aber ein Zurück gab es nicht mehr, Eile war geboten, der Lastwagen-Fahrer wurde schon ungeduldig. So setzte Gisela, halb in Panik, die Spritze an, blind darauf vertrauend, daß das in der Kanüle enthaltene Gift lediglich die Dosis enthielt, die ihr Kind zum Einschlafen brauchte. Aber wenn die Dosis dennoch größer war? Gisela zwang sich, solche Gedanken beiseitezuschieben. Schließlich hatten ihr die Freunde versichert, daß sie dem Fluchthelfer vertrauen dürfe. Und hatte er nicht auch Monika und ihren Mann Peter sicher über die Grenze gebracht?

Warum dann doch alles schief ging – darüber zu grübeln hatte Gisela viele Jahre lang Zeit und Gelegenheit. Der Lastwagen war plötzlich gestoppt und von den Grenzsoldaten gründlich durchsucht worden, wobei man natürlich auch die hinter einem Verschlag versteckten Flüchtlinge entdeckt hatte. Alexander, der fest schlief, wurde von zwei Männern in einen Lada gebracht und auf dem Rücksitz gebettet. Auch Gisela mußte in ein Auto steigen. Ein Uniformierter, der sie ins Innere stieß, streifte sie mit einem raschen Blick. »Schade um Sie«, sagte er. »So hübsch kommen Sie da nicht wieder raus. Das bringt mindestens drei Jahre.«

Der Polizist irrte: Das Urteil, drei Monate später verkündet, lautete sogar auf viereinhalb Jahre, abzusitzen in der Strafvollzugsanstalt Hoheneck. Verschärfend hatte bei dem Strafmaß gewirkt, daß die Angeklagte, die bei der versuchten Flucht »in fahrlässiger Weise Gesundheit und Leben ihres Sohnes Alexander aufs Spiel gesetzt« hatte, bei der Gerichtsverhandlung keinerlei Reue gezeigt, sondern den Richter und die Schöffen obendrein grob beschimpft hatte.

Hier möchte man zur Entschuldigung von Gisela Mauritz anführen, daß sie zu der Zeit, als sie ihr Urteil entgegennahm – also drei Monate nach ihrer Festnahme – noch immer keinerlei Nachricht über den Verbleib ihres Sohnes hatte. Auf jede ihrer dringlichen Anfragen nach dem Ergehen ihres Kindes hatte sie die stereotype Antwort erhalten: »Machen Sie sich keine Sorgen. Ihrem Kind geht es gut.« Doch auf jede weitere Frage, ob sich Alexander bei Freunden, Kollegen oder bei ihren Eltern befinde, erhielt sie als Antwort nur ein Achselzucken.

Alexander befand sich seit dem Tag nach der mißglückten Flucht in einem Kinderheim. Hier war der

Tagesablauf ganz ähnlich wie im Kindergarten. Es gab ein Spielzimmer und viele neue Spielgefährten, die Alexander in ihre Mitte zogen und mit Beschlag belegten. Einige Stunden spielte er mit Hingabe, vergaß Ort und Zeit. Erst gegen Abend wurde er unruhig. »Wirst du gar nicht abgeholt?« fragte er seinen neuen Freund, mit dem er an der Sprossenwand herumturnte. Aber weder sein neuer Freund noch die anderen Kinder wurden abgeholt. Statt dessen rief man die Kinder jetzt zum Abendessen. Alexander weigerte sich, in den Eßraum zu gehen. »Ich esse zu Hause zusammen mit Mutti«, erklärte er. »Mutti holt mich gleich ab. Oder macht sie heute wieder Überstunden? Hat sie angerufen und gesagt, daß sie später kommt?« Es kostete die Erzieherin einige Mühe, Alexander klarzumachen, daß er im Heim bleiben und später sogar hier schlafen solle. Er müsse hierbleiben, erklärte man ihm, bis seine Hand völlig geheilt sei. »Aber sie ist doch schon heil!« protestierte der Junge. Und zum Beweis streckte er seine Hand in die Höhe, auf deren Innenfläche ein brandrotes Mal sichtbar wurde. »Es tut gar nicht mehr weh«, versicherte er. »Darf ich jetzt nach Hause?« Statt einer Antwort griff die Erzieherin nach seiner anderen Hand und zog ihn zu den Kindern an den Abendbrottisch.

Allmählich gewöhnte er es sich ab, auf die Mutter zu warten. Sie kam nicht. Hatte sie ihn vergessen? Er suchte sich zu erinnern. Wie war das doch? Er hatte auf ein Lastauto klettern müssen. Sie würden einen Ausflug machen, hatte ihm die Mutter gesagt, das war lustig! Da war ein Versteck, in das er kriechen sollte –

auch das war noch lustig gewesen. Aber dann hatte die Mami ihre Brosche verloren. Er sollte danach suchen und kroch auf dem Boden herum. Plötzlich schrie er laut auf: Etwas hatte ihn heftig in den Po gepikt. Er spürte noch jetzt den Schmerz, fühlt, wie es auf der Haut gebrannt hat. Und als er sich herumwarf, stand die Mutter dicht hinter ihm. Ihre Hand, in der sie die Spritze hielt, zitterte. »Warum tust du mir weh?« wollte er fragen. »Hast du mich nicht mehr lieb?« Aber die Zunge quoll ihm im Munde, er brachte kein Wort hervor. Und wenn er jetzt an die Mutter denkt, sieht er immer ihr leichenblasses Gesicht und in ihrer Hand die Spritze, mit dem sie ihm wehtun will. Daran will er nicht länger denken. Er schüttelt die Erinnerung ab, läuft lieber dem Onkel und der Tante entgegen, die seit einiger Zeit öfter ins Kinderheim kommen, um ihn abzuholen. Zusammen fahren sie dann in ihr Haus, das nicht weit vom Müggelsee liegt. Im Sommer kann man dort baden, im Winter Schlittschuhlaufen. Das ist fein …

Etwa um diese Zeit wird Gisela Mauritz eines Tages aus ihrer Zelle, die sie mit einer Kriminellen teilt, in die Verwaltung gerufen. Hier eröffnet man ihr, daß das für sie zuständige Referat Jugendhilfe beim Gericht Klage gegen sie eingereicht hat auf Entzug des Erziehungsrechtes. Gisela glaubt nicht richtig zu hören. Wie, man will ihr das Sorgerecht absprechen? Aber wieso denn? – Nun, wird sie belehrt, als Insassin einer Strafvollzugsanstalt sei sie wohl kaum geeignet, ihr Kind zu erziehen. Übrigens habe sie sich ja als schlechte Mutter erwiesen, indem sie bei ihrem mißlungenen Fluchtversuch ihr Kind unter Drogen gesetzt und seine Gesundheit somit aufs äußerste gefährdet habe. Das Gericht werde sich zweifellos dem Antrag des Referates Jugendhilfe anschließen und ihr das Erziehungsrecht absprechen. Daher entspräche es dem Wohle des Kindes am besten, wenn es in eine andere Familie käme. – Und wieder schiebt man Gisela einen Zettel zu. »Unterschreiben Sie, daß Sie mit der Adoption Ihres Kindes einverstanden sind«, rät man ihr.

Gisela denkt nicht daran, zu unterschreiben. Wie, sie soll auf ihr Kind verzichten? Es an fremde Leute abtreten? Vergessen, daß sie jemals geboren hat? Das Kind ist ja zur Zeit das einzige, das sie am Leben hält. Wenn die Verzweiflung über ihr Los sie zu überwältigen droht, flieht sie in die Zukunft und malt sich aus, wie sie eines Tages, nach ihrer Entlassung, ihren Jungen wieder zärtlich in ihre Arme schließt. Wie sie zusammen ihr Leben aufbauen werden. Wenn sie nur wüßte, wo er jetzt ist? Auf ihre hartnäckigen Fragen nach seinem Aufenthalt hat sie nie eine Antwort bekommen.

Noch am selben Abend entwirft sie in ihrer Zelle einen Brief an Professor Wolfgang Vogel, den Rechtsanwalt, der, wie sie weiß, schon oftmals Unmögliches möglich gemacht hat. Nur einmal im Monat darf sie aus der Anstalt einen Brief verschicken. Diesmal wird der Empfänger der Star-Anwalt sein. Er soll ihr helfen, ihr Kind zu finden.

Die Eheleute Voss* hatten schon viel Schweres erlebt. Viele Jahre hatten sie auf die Erfüllung ihres Kinderwunsches warten müssen. Und als dann endlich ihr erstes Kind, ein Mädchen, geboren wurde, blieb es nicht lange am Leben, starb schon im Säuglingsalter. Und auch das zweite, diesmal ein Junge, sollte ihnen nicht bleiben. Frau Voss, der die Ärzte dringend davon abrieten, eine weitere Schwangerschaft zu riskieren, die ihre geschwächte Gesundheit ernstlich gefährden würde, verlor allen Lebensmut und verfiel in Schwermut, aus der niemand aus ihrer Umgebung sie herausreißen konnte.

Schließlich verhalf ihr die Ärztin zu einer Kur, die tatsächlich Besserung brachte. Aber nicht infolge der vielen Packungen, die sie anwenden oder der Medikamente, die sie einnehmen mußte, wurde sie aufgeheitert, sondern durch die einfache Tatsache, daß in der Nähe des Kurhauses ein Kinderheim lag, an dem Frau Voss jeden Morgen bei ihrem Spaziergang vorüberkam. Das heißt, meist verweilte sie lange draußen am Zaun und sah dem Treiben der Kinder auf dem Spielplatz zu. Nur mit Mühe riß sie sich jedesmal los, und als sie nach vier Wochen wieder nach Hause kam, bat sie ihren Mann: »Wir wollen ein Kind adoptieren.« – Noch ahnte das Ehepaar nicht, wie lange es auf das »Wunschkind« würde warten müssen. Frau Voss hätte am liebsten ein kleines Mädchen gehabt, in Erinnerung an das eigene Töchterchen, das sie so bald wieder hatte hergeben müssen. Aber als ihr Mann ihr eines

* Der Name wurde aus Gründen des Datenschutzes verändert.

Tages von Alexander erzählte, einem elternlosen Jungen, der im Kinderheim zutraulich auf ihn zugerannt sei und ihn gar nicht wieder habe loslassen wollen, bat sie den Mann gerührt, das Kind ins Haus zu holen. Zunächst blieb Alexander nur mehrmals übers Wochenende. Doch hoffte das Paar, bald alle bürokratischen Hürden überwinden zu können und den Jungen für immer in ihr Haus zu holen. Sie wollten ihn annehmen wie ein eigenes Kind.

Eins muß man der leiblichen Mutter von Alexander bescheinigen: Sie hat immer genau gewußt, an wen sie sich wenden muß, um Hilfe zu erhalten. Als sie 1978 aus der Haft entlassen wird, weiß sie schon, daß sie auch von dem Star-Anwalt Vogel nichts über den Aufenthaltsort ihres Kindes erfahren wird. Er ist zum Schweigen verpflichtet. Immerhin rät er ihr mehrmals und immer dringlicher, ihr Einverständnis zur Adoption zu erklären. Ihren Sohn sähe sie doch nie wieder, und auch auf ihre Ausreise, die sie inzwischen beantragt hat, werde sie, ohne die bewußte Unterschrift, sicher bis zum Nimmerleinstag warten müssen.

Gisela Mauritz gibt nicht auf. In den vielfachen »Exklusiv-Berichten« ihrer Leidensgeschichte, die sie inzwischen an die Illustrierten vermarktet hat, geht sie dezent über die zehn Jahre hinweg, die zwischer ihrer Haftentlassung im Jahre 1978 und ihrer schließlich erfolgten Ausreise 1988 liegen; sie wurde durch die Bundesregierung freigekauft. Lapidar heißt es nur, daß sie ständig von der Stasi beschattet wurde und auch mehrmals wieder im Gefängnis gelandet sei. Aber warum?

Wessen hat man sie also beschuldigt? Sie hatte Berlin-Verbot, durfte nicht in ihre Berliner Wohnung zurück, sondern übersiedelte in den kleinen Ort Döbeln in der Nähe von Leipzig. In ihrem Behelfsausweis war mit Rotstift vermerkt: »Reiseverbot für Berlin und grenznahe Städte«. Gegen dieses Verbot hat sie sicher verstoßen, denn sie suchte Kontakte zu westlichen Stellen, die sie nur im geteilten Berlin finden konnte. Hat man sie der Spionage verdächtigt? Sie selber schweigt darüber, gibt lediglich zu, daß es ihr gelungen sei, mit Angehörigen der Organisation »Hilferuf von Drüben« in Verbindung zu kommen – eine Verbindung, die ihr noch sehr hilfreich geworden ist.

Denn schon bei ihrer Ausreise wurde sie auf dem Bahnhof Bad Hersfeld von Mitarbeitern dieser Organisation so herzlich empfangen, als ob sie eine alte Bekannte sei. Journalisten waren zur Stelle, die ihre Geschichte aufschreiben wollten. Blitzlichter zuckten auf. Und jemand riet ihr, im Fernsehen eine Suchmeldung aufzugeben. Sie tat es, und schon wenige Tage später strahlte die ARD eine Sendung aus, in der Gisela Mauritz mit bewegenden Worten, immer wieder von Schluchzen unterbrochen, erzählte, wie man ihr bei ihrer Verhaftung den vierjährigen Sohn geraubt und ihn später an »regimetreue Adoptiveltern« gegeben habe, während sie selber schutz- und hilflos im Gefängnis saß. »Mein Sohn hat eine Narbe an der rechten Hand, die von einer Verbrennung herrührt«, erzählte sie. »Er hat sich als Dreijähriger auf der heißen Herdplatte die Hand verbrannt. An dieser Narbe müßte er leicht zu erkennen sein.« Und sie appellierte an alle Zuschauer, ihr bei der Suche nach ihrem Sohn zu helfen. Zuletzt flehte sie auch die Adoptiveltern an – deren Namen und Adresse man ihr leider vorenthalte, klagte sie –, ihr das Kind zurückzugeben.

Über jedem Ehepaar, das sich einmal entschlossen hat, ein fremdes Kind an Kindes Statt anzunehmen, schwebt wohl, wie ein Damoklesschwert, die bange Frage: Wann ist die rechte Zeit, um dem Sohn (oder der Tochter) zu offenbaren, daß sie nicht die leiblichen Eltern sind?

Die Eheleute Voss hatten diesen Zeitpunkt immer wieder hinausgeschoben. Sie waren eine glückliche Familie, lebten in Harmonie – warum sollte man dieses Gleichgewicht mutwillig zerstören? Zwar wußten sie – glaubten es zumindest aus triftigen Gründen, da man sie bei der Adoption dahingehend unterrichtet hatte –, daß Alexander elternlos war. Wodurch er seine Eltern verloren hatte, das wußten sie nicht, danach hatten sie auch nie gefragt; zu gern hatten sie alles verdrängt, was etwa an Verworrenem, Undurchsichtigem in Alexanders Vorgeschichte verborgen lag. Zwar wird der Fünfjährige sicher öfter nach seiner Mutter gefragt haben; vielleicht hat er auch bruchstückweise, so wie es in seiner Erinnerung lebte, von der Flucht erzählt, so daß sich das Ehepaar wahrscheinlich die wahren Hintergründe zusammenreimen konnte. Doch wozu daran rühren? Es gab zu jener Zeit Mütter und Väter genug, die ihre Kinder hilflos in der Wohnung zurückließen, während sie selber über die Grenze nach drüben flohen. Sie vertrauten darauf, daß ihre Kinder in der

DDR gut versorgt werden würden. Die Kinder kamen zunächst in ein Heim, bis ... ja, bis sich vielleicht eines Tages ein Elternpaar fand, das gern ein Kind adoptieren wollte und denen man solch verlassenes Kind übergab. War das ungesetzlich? Zweifellos, so argumentierte Vater Voss seiner Frau gegenüber, geschah es eher »zum Wohle des Kindes«, wenn es in eine fürsorgliche Familie kam, als wenn es vielleicht die ganze Kindheit im Heim verbrachte. Aber wenn die Eltern noch lebten? Sich eines Tages vielleicht wieder ihres Kindes entsannen und es zurück haben wollten? Herr Voss schob auch solche Bedenken beiseite. Ach was, sagte er sich, dann haben sie es nicht besser verdient. Und er vertraute darauf, daß alle mit der Adoption befaßten Stellen der Schweigepflicht unterlagen; die leiblichen Eltern erfuhren nie, von wem ihr Kind adoptiert worden war.

Alexander hatte sich in all den Jahren prächtig entwickelt. In der Schule war er immer gut mitgekommen, er glänzte zwar nicht gerade mit Leistungen, tat sich durch nichts hervor, aber er hatte immer zum guten Durchschnitt gehört. Und nach Beendigung der 10. Klasse begann er eine Lehre als Koch. Inzwischen war er siebzehn, also in einem Alter, in dem ein Jugendlicher übersensibel ist und stets in Gefahr, in üble Gesellschaft zu geraten. Vater Voss hatte das allerdings, wie er glaubte, energisch zu verhindern gewußt. Er führte zu Hause ein strenges Regime, dem sich seine Frau widerspruchslos unterordnete. Nur mit Alexander hatte es schon ab und zu Zerwürfnisse gegeben, weil er sich dagegen auflehnte, daß der Vater ihn allzuscharf kontrollierte und sogar seine Freundschaften überwachte. Dennoch: Trotz gelegentlicher Streitereien hat Herr Voss das Verhältnis zwischen ihm und dem Adoptivsohn als durchaus positiv angesehen; ja, Bekannten gegenüber brüstete er sich oft, daß sie beide – trotz des Altersunterschiedes – wie zwei Freunde seien; Kumpel eben, die miteinander durch Dick und Dünn gingen. Und solche Harmonie sollte er gefährden, indem er dem Jungen reinen Wein einschenkte? Daß er nicht sein Vater war, konnte er noch früh genug erfahren; wenn er gefestigter war, selber schon Frau und Kinder hatte. Jetzt, so sagte er sich, und davon überzeugte er auch seine Frau, taten sie klüger daran, nicht an ein Geheimnis zu rühren, das sie wahrscheinlich doch niemals aufklären konnten. Und so blieb alles beim alten.

Bis Alexander eines Tages verstört von der Arbeit nach Hause kam. Zuerst wollte er nicht mit der Sprache heraus, doch die feinfühlige Frau Voss, der so leicht nichts entging, sah ihm besorgt ins Gesicht. »Du hast doch etwas. Hat es Ärger gegeben?« Ohne zu antworten ging der Junge in sein Zimmer und schloß sich ein. Erst beim Abendbrot fragte er plötzlich: »Habt ihr gestern ›Report‹ gesehen? Die Frau, die nach ihrem Kind sucht?« Und da die beiden offenbar ahnungslos waren, berichtete er kurz und streckte ihnen dabei, leicht belustigt, seine Hand entgegen: »Meine Kollegen wollten wetten«, sagte er, »daß ich das bin, den sie sucht. Wegen der Narbe hier. Und sie haben auch Kinderbilder gezeigt. Ich soll denen ähnlich sehen.« Er redete noch immer so, als zöge er das Ganze ins Lächerliche, sagte dann, während er in die betroffenen Mienen seiner Eltern sah: »Vielleicht bin ich wirklich ein Kuckucksei? Wer kann's wissen? Wißt ihr es?«

Frau Voss, deren Nerven immer noch äußerst empfindlich waren, schob mit einem Ruck ihren Stuhl zurück und rannte weinend in die Küche hinaus. Vater Voss aber drückte seinen Sohn auf den Stuhl zurück. »Jetzt hör' mir mal zu, Junge«, sagte er heiser. »Ich glaube, ich muß dir endlich etwas gestehen, was wir dir längst hätten sagen müssen ...“

Nach allem, was später geschah, muß man annehmen, daß die Eröffnung seines Adoptivvaters auf Alexander keinen allzu großen Eindruck machte. Nun gut, er war ein Adoptivkind, aber änderte das etwas an seiner Lage? Zwölf Jahre lang hatten die Eltern ihn großgezogen, hatten ihm, wie er zugeben mußte, viel Liebe bewiesen. Was hatte dagegen die Fremde getan, die vielleicht seine Mutter war? Sie hatte ihn im Stich gelassen. Und so weit war Alexander ein echtes Kind der DDR, daß Menschen, die die Republik verlassen hatten, in seinen Augen Verräter waren, mit denen er nichts zu tun haben wollte. Sie sollte ihn also gefälligst in Ruhe lassen.

Doch Gisela Mauritz gab keine Ruhe. Schon wenige Tage später klingelt abends bei dem Ehepaar Voss das Telefon. Frau Voss, die grade in der Nähe ist, nimmt den Hörer ab. Am anderen Ende eine Frauenstimme: »Spreche ich mit Ostberlin?« Und als Frau Voss, leicht irritiert, bejaht, fragt die andere weiter: »Sind Sie Alexanders Adoptivmutter? Ich bin seine richtige Mutter.

Ich würde Sie gern kennenlernen ...« Weiter kommt sie nicht. Herr Voss, der neben dem Apparat steht und mitgehört hat, reißt seiner Frau den Hörer aus der Hand. »Nur über einen Rechtsanwalt«, sagt er barsch. »Regeln Sie alles über Ihren Rechtsanwalt« – und knallt den Hörer auf die Gabel zurück.

Jemand der Eingeweihten hatte also nicht dichtgehalten. Wer, das wissen wir nicht. Vielleicht Rechtsanwalt Vogel? Tatsache ist, daß schon einen Tag nach der ausgestrahlten Suchmeldung im Fernsehen das »Ministerium für innerdeutsche Beziehungen« bei Gisela Mauritz anrief und ihr die Telefonnummer der Adoptiveltern bekanntgab.

Und was daraufhin folgte, könnte einem Polit-Krimi entnommen sein. Inzwischen schreiben wir Februar des Schicksalsjahres 1989. Die DDR ist scheinbar noch festgefügt, die Grenzen sind gesichert, auch in der geteilten Stadt Berlin verlaufen die Grenzübergänge für die Pendler wie gewohnt. Von Ost nach West ist nur wenig Verkehr: ein paar Schauspieler, Schriftsteller, Rentner, die das Privileg genießen, mit dem eigenen Wagen in den Westen zu fahren. Auf der anderen Seite nähern sich die Autos der Westberliner, die ihre Ostberliner Verwandten oder irgendein Theater besuchen wollen, nur im Schneckentempo. Gehorsam befolgen sie die knappen Anweisungen der Grenzbeamten, die Pässe und Kofferraum inspizieren, tauschen ihr Eintrittsgeld ein – und wer Pech hat, muß beiseitefahren und eine gründliche Durchsuchung des Gefährts und der eigenen Person über sich ergehen lassen. Nur der besondere Wagen mit Ostberliner Kennzeichen, der die wartenden Westautos überholt, wird lässig hindurchgewinkt, um seine Fahrt hinter dem Schlagbaum fortzusetzen, der sich wie durch Geisterhand gehoben hat. Gisela Mauritz, die neben der Fahrerin sitzt, der Frau von Rechtsanwalt Vogel, wischt sich mit einem Taschentuch den Schweiß von der Stirn. Himmel, das war eine Angstpartie! Sie weiß doch, daß ehemalige Häftlinge der DDR, die in den Westen übersiedelt sind, zehn Jahre lang den Boden der DDR nicht betreten dürfen. Darum ist sie heute auch nur mit Herzklopfen nach Berlin gereist, nach Westberlin versteht sich, in das Büro von Rechtsanwalt Naumann in der Uhlandstraße, der sie noch einmal, wie schon telefonisch, davon unterrichtet, daß alles geregelt sei: Herr Professor Vogel erwarte sie heute Punkt zwölf Uhr in seiner Kanzlei in Berlin-Friedrichsfelde. Rechtsanwalt Naumann – Gisela weiß inzwischen, daß er ein Beauftragter für diskrete Betreuung und Lösung von Härtefällen der deutschen Teilung und ein enger Vertrauter von Rechtsanwalt Vogel ist – läßt sie in seinem Auto bis vor den Grenzübergang Invalidenstraße fahren, wo sie in das Auto von Frau Vogel, die sie bereits erwartet, hinüberwechselt. Alles verläuft so programmäßig, daß Gisela es noch gar nicht fassen kann. Niemand hat ihr an der Grenze den Paß abverlangt, niemand hat sie auch nur mit einem Blick gestreift. Träumt sie dies alles? Oder ist es Wirklichkeit, daß sie in einer knappen halben Stunde im Büro des Rechtsanwaltes ihren Sohn Alexander treffen soll – den »verlorenen Sohn«, von dem sie vor fünfzehn Jahren getrennt worden ist? Frau Vogel, die sich gut in die Seelenverfassung ihrer Begleiterin versetzen kann, legt ihr im Fahren besänftigend die Hand auf den Arm. »Sie müssen jetzt ruhig werden«, sagt sie sanft, »und sich nur noch freuen. Sicher freut sich auch Alexander, daß er endlich seine Mutter kennenlernt.«

Ob Alexander sich wirklich freut? Seine Gefühle sind zwiespältig. Er ist jung genug, um das Abenteuerliche, das der Geschichte innewohnt, zu genießen. Er ist plötzlich der Mittelpunkt seiner Umgebung geworden. Aber er ist träge. Es nervt ihn, daß seine Mutter, die nicht seine Mutter ist, nur noch mit verweinten Augen umhergeht. Und Vater Voss versucht ihn ständig in ernsthafte Gespräche zu ziehen, hält ihm politische Vorträge, die er nur mit halbem Ohr anhört. Man soll ihn in Ruhe lassen. Er will ja gar nicht zur Mutter in den Westen gehen, obwohl die Kumpels ihn alle dazu ermuntern wollen. »Mann, das ist doch *die* Chance für dich!« stacheln sie ihn an. »Du willst zu deiner Mutter! Familien-Zusammenführung!« Doch Alexander, der Beneidete, bleibt gelassen. Hat sich was mit Mutter, denkt er nur. Sie ist ihm doch fremd. Und er will sich auch nicht mit ihr treffen. Erst als sein Adoptivvater sich bereiterklärt, mitzukommen – seiner Frau mutet er die Begegnung nicht zu –, willigt er schließlich ein.

Vater Voss hätte sich den Weg lieber sparen sollen. Die Frau, der sie jetzt im Büro von Rechtsanwalt Vogel gegenübertreten, würdigt ihn keines Blickes. Kein Höflichkeitsgruß will ihr über die Lippen. Sie hat nur

Augen für Alexander, den großen Sohn, der sie seltsam befangen macht. Rasch zieht sie ihn in den Nebenraum, den Professor Vogel den beiden für das Wiedersehen zur Verfügung gestellt hat, schließt die Tür hinter sich, sperrt den anderen aus. Der Adoptivvater ist tief verbittert. Auch als beide aus dem Nebenzimmer wieder herauskommen – die Begegnung hat nicht länger als eine halbe Stunde gedauert –, geht dies Weib an ihm vorbei, als sei er Luft. Denkt sie gar nicht daran, daß er und seine Frau viele Jahre hindurch ihrem Sohn ein warmes Zuhause geboten, ihn bei Krankheiten gepflegt, vor Ungerechtigkeiten beschützt, ihm bei allen Wechselfällen des Lebens liebevoll zur Seite gestanden haben? Auch Alexander scheint das Peinliche der Szene bewußt zu werden. Er beeilt sich, ihr ein Ende zu machen, will rasch zur Tür, da er weiß, daß seine Mutter noch mit dem Rechtsanwalt zu sprechen hat. Doch sie reißt ihn heftig an sich. »Du weißt jetzt, wo du mich finden kannst«, schärft sie ihm ein. »Schreib' mir! Telefoniere, so oft du willst. Auch mitten in der Nacht. Ich warte auf dich.« Alexander nickt nur und stolpert hinaus.

Die nächsten Monate bis zu Alexanders Ausreise am 10. April waren eine Zerreißprobe für alle Beteiligten. Das Innenministerium hatte Alexander wissen lassen, daß seiner Ausreise nichts im Wege steht; man billigt ihm drei Monate Bedenkzeit zu. Für die Familie Voss war es die Hölle, diese Zeit durchzustehen. Würden sie den Sohn verlieren? fragte sich das Ehepaar täglich neu. Würden sie im Alter einsam sein, sich nicht länger an Alexanders Entwicklung und vielleicht einmal an Enkelkindern freuen dürfen? Alexander selber schien unentschlossen. Zuweilen war er ganz ausgeglichen, ging seinem Hobby nach, verabredete sich mit Freunden, war auch den Eltern gegenüber heiter und wohlgesinnt. Dann aber kamen Tage, an denen er unleidlich war, allen aus dem Wege ging und jedem, der ihm zufällig in die Quere kam, nur rüde Antworten gab. Frau Voss hielt es eines Tages nicht länger aus. Sie nahm Alexander beiseite, sagte, ohne daß es ihr gelang, ihre Bewegung zu unterdrücken: »Junge, quäl' dich nicht länger, und quäle Vater nicht. Von mir rede ich gar nicht. Aber du sollst wissen, daß du völlig frei in deinen Entscheidungen bist. Nimm keine Rücksicht auf uns. Wenn du gehen willst – wir legen dir nichts in den Weg.«

Alexander hatte keine Gelegenheit mehr, lange um eine Entscheidung zu ringen. Eines schönen Tages erhielt er seine Ausweisung – innerhalb von 48 Stunden habe er die DDR zu verlassen. – »Ich bin nicht freiwillig hier!« – das sind die ersten Worte, die er seiner Mutter entgegenschleudert, als sie ihm in ihrer Wohnung in dem kleinen Ort bei Stuttgart die Tür aufmacht. Es ist Abend, schon spät, eigentlich keine Besuchszeit mehr. Aber Alexander ist ja auch kein Besucher, der eben mal rasch hereinschaut und dann wieder geht. Alexander muß bleiben, seine Mutter wird ihm in der kleinen Kammer ein Bett herrichten. »Kannst du mir sagen, was ich hier soll?« fragt er sie. »Ich gehöre nach Berlin. Warum hast du mich nicht dagelassen, wo ich war? Warum hast du dich in mein Leben eingemischt?«

Für Gisela Mauritz, die so lange um ihren Sohn gekämpft hat, sind das harte Worte. Und hart sind auch die Erfahrungen, die sie in nächster Zeit mit den Behörden macht. Obwohl der fast zwanzigjährige Sohn auf ihre Kosten lebt – sie ist als Kontoführerin im Lande Baden-Württemberg tätig –, wird sie vom Finanzamt als Mutter nicht anerkannt; man stuft sie als »kinderlos« ein. Aus einem Brief aus Bonn erfährt sie es schwarz auf weiß: »Zwischen Ihrem Sohn und Ihnen bestehen durch die Zwangsadoption keine verwandtschaftlichen Beziehungen mehr«, teilt man ihr mit. Eine Entscheidung, meint Gisela empört, die praktisch das Vorgehen der DDR-Stellen sanktioniert. Ist sie also doch die Verliererin?

Zwei Jahre später sieht es fast danach aus. Das Verhältnis zwischen Mutter und Sohn hat sich nicht gebessert. Alexander hat inzwischen eine eigene Wohnung bezogen, eine Bude, kaum 10 qm groß, aber er ist dort allein, kann tun, was er will. Die Arbeit als Koch hat er aufgegeben; das Klima gefiel ihm nicht. Ihm gefallen auch die Leute im Badischen nicht. Sie seien so langweilig und so spießig. Irgendwann will er wieder zurück nach Berlin – aber keineswegs zu den Adoptiveltern, das sei für immer vorbei, er will jetzt selbständig sein. Und vorher will er eine Weile mit der Clique herumziehen, Feten feiern, Musik hören, dazwischen auch mal den Führerschein machen, um mit dem Motorrad durch die Gegend zu brausen.

Es klingt alles unausgegoren, was er da sagt. Noch weiß er nicht recht, wo er hingehört. Ist es ein Wunder? Er ist aus der Bahn geworfen, die vorher so geradlinig für ihn entworfen war.

Manchmal trifft er sich, irgendwo auf halber Strecke, mit seinem Adoptivvater. Von ihm erfährt er, daß die Mutter wieder in Schwermut verfallen sei. Daß man mit ihr überhaupt nicht mehr reden könne, am wenigsten über Alexander, ihr drittes Kind, das sie in ihrem Herzen begraben mußte.

Zwei Mütter. Zwei Schicksale, so verschieden voneinander, und doch weinen beide um denselben Sohn. Und auch der, scheint mir, ist in diesem Trauerspiel nicht glücklich geworden.

Die Bachmann-Story

»Mutter und Kind gehören zusammen. Ein Satz, den ich als Mutter zweier Kinder sehr unterstütze, bei dem ich weiß und nachfühle, wovon die Rede ist. Deshalb kann ich auch verstehen, wenn eine Mutter um ihr Kind kämpft, das man ihr wegnimmt.«

Mit diesen Worten beginnt Carla Hanus in der Regionalausgabe der »Mitteldeutschen Zeitung« vom 12. Juni 1991 ihren Kommentar zu einem Fall, der seit Wochen in der Lutherstadt Wittenberg und Umgebung die Gemüter erregt. Denn gegen den Leiter des bisherigen Referates Jugendhilfe in Wittenberg, die Leiterin des Kinderheims in Dessau sowie gegen die Richterin am Kreisgericht Wittenberg wurde von dem Westberliner Rechtsanwalt Dr. Raue Strafanzeige wegen des Verdachts der Kindesentziehung erstattet. Die drei Genannten, heißt es, seien an einer Zwangsadoption beteiligt gewesen. Eine ungeheuerliche Anschuldigung! Wie konnte es dazu kommen?

»Was ich indeß nicht mittragen kann«, fährt Carla Hanus in ihrem Kommentar fort, »ist die Kampagne um Bachmann Mutter und Sohn, die in den Medien aufgerollt wurde.« An der aber, möchte man hinzufügen, Juliane Bachmann selber nicht unschuldig ist.

Denn die Siebenundzwanzigjährige erinnerte sich erst im Mai 1991 an das ihr zugefügte vermeintliche Unrecht. Damals nämlich hatte der Leiter des Jugendamtes in Berlin-Mitte, Markus Zimmermann, im Keller des Hauses ein Bündel Akten entdeckt, aus denen hervorging, daß es in der DDR Zwangsadoptionen gegeben habe, also Fälle, in denen man Eltern aus politischen Gründen ihre Kinder wegnahm und sie in die Obhut staatstreuer Familien gab. Frau Bachman war elektrisiert. Hatte man ihr nicht auch ihr Kind weggenommen, den 1985 geborenen David? Flugs rief sie die Redaktionen einiger Illustrierten an: »Ich kann eine Story über Zwangsadoptionen liefern. Selbst erlebt. Haben Sie Interesse daran?« Interesse zeigte ein Boulevardblatt und ein privater Rundfunksender. Beide sicherten sich den Exklusivbericht der jungen Frau:

»Weil die Facharbeiterin Juliane Bachmann 1982 einen Ausreiseantrag stellt, wird sie schikaniert, überwacht und wegen ›Staatshetze, Arbeitsverweigerung und Asozialität‹ zu 14 Monaten Haft verurteilt. Als sie nach der Entlassung den Ausreiseantrag nicht zurücknimmt, wird sie 1985 (nach Davids Geburt) wiederum inhaftiert. Nach der Entlassung 1987 darf Juliane ihr Kind kurze Zeit zu sich nehmen – aber 1988 schlägt der Terrorstaat zu, steckt David in das Dessauer Kinderheim ›Ernst Thälmann‹. Besuche der Mutter sind verboten! 1989 erhält sie Nachricht aus dem Heim: ›Der Junge ist weg. Sie haben keinen Anspruch mehr auf ihn.‹ – Seit der Wende lebt Juliane nun mit ihrem zweiten Sohn Markus (2) und ihrem Freund bei Augsburg. ›Als das Jugendamt sagte, daß man mir auch Markus wegnehmen würde, bin ich weg‹, sagt Juliane. Und: ›Von David habe ich bis heute keine Spur. Jugendamt, Kinderheim – alle halten dicht‹, sagt die geprüfte Frau.« (»Bild-Zeitung« vom 27. Mai 1991.) Die »Neue Revue« drückt noch stärker auf die Tränendrüsen. In jenem Blatt heißt es:

»Sie konnten sich nie wehren. Sie waren klein und hilflos, als man sie ›abholte‹. Als sie in den Kinderheimen des Stasi-Staates verschwanden. Als man sie ›im Sinne des Arbeiter-und-Bauern-Staates‹ erzog: Kinder von ›Staatsfeinden‹, von ›Republikflüchtigen‹. – Bittere Schicksale aus einer dunklen Zeit. Die Kinder sind weg. Zwangsadoptiert. Sie wachsen in Familien auf, die dem Honecker-Staat treu ergeben waren. Ihre richtigen Eltern müssen sie jetzt suchen. Ohne viel Aussicht auf Erfolg. Denn die Akten sind verschwunden. Und die damals Verantwortlichen weigern sich zu helfen. Es sei alles nach Recht und Gesetz geschehen, ist die lapidare Ausrede. Und die Mutter weiß nicht, wo sie ihr Kind finden kann. Sie hat nur ein paar Fotos von ihm, Babyfotos. ›Ich träume fast jede Nacht von ihm‹, sagt die unglückliche Frau. ›Aber er ist weg. Und die sagen nicht, wo er ist. Hilft mir denn keiner? Ich will doch nur meinen Jungen wiederhaben‹, klagt sie verzweifelt.«

Die Mutterliebe der Frau Bachmann ist reichlich spät erwacht. Denn wie es wirklich mit ihrer Fürsorge um den Sohn bestellt war, darüber informiert der Landrat des Landkreises Wittenberg auf einer Pressekonferenz, die am 30. Mai 1991 stattfand. Es ging einfach darum, die Wahrheit darzulegen, Fakten vorzuweisen, die »liebende Mutter« und ihr Verhalten zu skizzieren. Wer war Liane Bachmann wirklich? Wie war es mit ihrer mütterlichen Liebe zu David bestellt? Was wurde alles unternommen, um diese Frau zu bewegen, sich um ihr Kind zu kümmern und ihre mütterliche Verantwortung für diesen kleinen Jungen wahrzunehmen? Warum mußten Maßnahmen zum Schutz des Kindes eingeleitet werden? Es waren nicht politische Gründe, die das Referat Jugendhilfe und das Gericht bewogen haben, der Mutter das Erziehungsrecht zu entziehen, sondern die eindeutige Vernachlässigung ihrer Fürsorgepflicht. Die Jugendhilfe mußte einfach einschreiten! Dennoch verwahrt sich Rechtsanwalt Dr. Raue, der mit Juliane Bachmann der Pressekonferenz beiwohnt, gegen eine Veröffentlichung der Fakten, aus Gründen des Datenschutzes! Die Angeschuldigten dürfen sich also nicht einmal verteidigen, während die Kläger ihre Schauergeschichten eifrig weiterverbreiten. »Wenn alles stimmt, was meine Mandantin gesagt hat«, meint Rechtsanwalt Dr. Raue frohlockend, »wird der Skandal in die Potenz erhoben!« Er bezeichnet den Fall der Juliane Bachmann, der ihn übrigens mit einem Schlage bekanntgemacht und zum »Star-Anwalt« hochstilisiert hat, als »himmelschreiende Ungerechtigkeit«, die gesühnt werden müsse. Leider befänden sich aber alle Schuldigen noch im Amt.

Und die Hetze geht weiter. Im Jugendamt, im Gerichtsgebäude und im Kinderheim Dessau drängen sich die Journalisten, die jedem zufälligen Passanten eine Aussage abzupressen versuchen. Die Leiterin des Kinderheims, die seit Jahrzehnten als Heimerzieherin tätig ist, steht völlig hilflos den Angriffen gegenüber, denen sie plötzlich ausgesetzt ist. Bis in ihre Wohnung habe man sie verfolgt, um ihr ein Interview zu entlokken. Wenn sie versucht habe, die Fragenden abzuwimmeln, hätten diese höhnisch gefragt: »Sie haben also doch etwas zu verbergen?« – Schließlich habe sie einige Worte gesagt, die aber völlig entstellt in der Presse wiedergegeben worden seien.

Auch die ehemaligen Nachbarn von Juliane Bachmann in der Dobschützstraße werden interwievt. Doch was diese erzählen, erscheint in keiner Illustrierten, so daß die Mieter, um sich Gehör zu verschaffen, zur Selbsthilfe greifen. Sie organisieren eine Versammlung, zu der sie auch einen Vertreter der Regionalpresse laden. Sie seien tief empört über die verzerrte Berichterstattung von Zeitungen in den alten Bundesländern, die angebliche Zwangsadoption des kleinen David Bachmann betreffend, erklären sie; und besonders erregt seien sie über die Tatsache, daß die Angelegenheit Bachmann zu einem politischen Fall hochgespielt worden sei. »Dies ist kein politischer Fall«, beteuern sie. »Frau Bachmann war politisch völlig desinteressiert. Ihr Interesse galt nur dem Alkohol und den Männern, wobei der kleine David ihr nur ein lästiges Anhängsel war.«

Die weiteren Schilderungen der zehn Mieter, die sich versammelt haben, enthüllen ein düsteres Bild der Verhältnisse, wie sie sich seinerzeit in ihrer Nachbarschaft abgespielt haben. Ständig habe es in der Wohnung von Frau Bachmann Trink- und andere Gelage gegeben. Bis in die frühen Morgenstunden hinein habe man gelärmt, habe es ein Kommen und Gehen gegeben. Nächtliche Ruhestörung und Schlägereien waren an der Tagesordnung. Die übrigen Mädchen und Frauen, die im Hause wohnten, hätten sich gar nicht mehr aus ihren Wohnungen herausgetraut. Selbst die Polizei hätte ihnen geraten, besser in der Wohnung zu bleiben, um Unannehmlichkeiten aus dem Wege zu gehen.

Traurig sind auch die Erzählungen der Mieter, den kleinen David betreffend. Das Kind wirkte stets sehr eingeschüchtert. Es schien immer hungrig zu sein und freute sich, wenn ihm eine Nachbarin mal ein Brötchen zusteckte. Eine andere erinnert sich, ihn mehrmals dabei ertappt zu haben, wie er aus dem Abfluß der Dachrinne trank. Nachts war er entweder allein in der Wohnung, oder er befand sich mitten unter den trinkenden und lärmenden Erwachsenen. Mütterliche Zuwendung kannte er nicht. Dabei hätte man Frau Bachmann nach ihrer Entlassung aus der Strafanstalt, in der sie übrigens nicht wegen politischer Verfehlungen gesessen hätte, gute Startmöglichkeiten verschafft. Sie erhielt eine renovierte und möblierte Wohnung, und man vermittelte ihr auch Arbeit. Frau Bachmann hätte aber die ihr gebotene Chance schlecht genutzt.

Dies allein seien die Tatsachen, bekräftigten die Mieter. Aber für diese Fakten hätten weder SAT 1 noch die Regenbogenpresse Platz oder Sendezeit zur Verfügung gestellt. Und auch der Satz »Das Kind wäre ohne die Jugendhilfe verhungert«, den einer der Redakteure, der noch einen Funken Ehrlichkeit in sich hatte, an seine Redaktion durchgab, war vor der Drucklegung gestrichen worden.

Der Bericht über die Mieterversammlung erschien am 8. Juni 1991 in der »Elbe-Elster-Rundschau«, also nur in der Lokalpresse. Keine einzige der vielen bunten Illustrierten, die das politische Rührstück von Frau Bachmann begierig verbreitet hatten, war interessiert an den Fakten, mit denen sich die ehemaligen Nachbarn von Juliane Bachmann an die Öffentlichkeit wandten. Mißtraute man diesen Berichten? Oder scheute man sich nur, die früheren Veröffentlichungen, die sich auf die einseitigen Ausführungen von Frau Bachmann und ihrem Rechtsbeistand stützten, etwa revidieren zu müssen?

Um der Wahrheit auf den Grund zu kommen, fahre ich eines Tages nach Wittenberg. Im Jugendamt werde ich mit Zurückhaltung aufgenommen; zu negativ sind die Erfahrungen, die die zwei Mitarbeiter, die ich im Büro antreffe, in letzter Zeit mit den Presseleuten gemacht haben. Beide machen kein Hehl daraus, daß ihnen der um ihr Amt entstandene Presserummel äußerst zuwider ist; dennoch wirken sie gelassen. »Wir haben die betreffenden Unterlagen gründlich überprüft«, sagt der Jüngere, »und können guten Gewissens sagen, daß wir uns nichts vorwerfen müssen. Von einer ›Zwangsadoption‹ aus politischen Gründen oder wegen versuchter Republikflucht kann keine Rede sein. Übrigens befinden sich die Akten gegenwärtig in der Clearingstelle in Magdeburg, die errichtet wurde, um diesen und ähnliche Fälle zu überprüfen. Wir sehen der Entscheidung des Herrn Martin Patzelt, Referatsleiter für Erziehungshilfe im Ministerium für Arbeit und Soziales des Landes Sachsen-Anhalt und Ansprechpartner der Clearingstelle, mit reinem Gewissen entgegen. Doch bis sie da ist, sind wir zu äußerster Zurückhaltung angehalten. Das verstehen Sie sicher.«

Gut und schön. Verständlich, daß im Interesse der Wahrheitsfindung Schweigen gewahrt werden muß; die Beschuldigten halten sich an dieses Gebot. Leider wird ihnen nun aber unterstellt, daß ihr Schweigen einem Eingeständnis von Schuld gleichkäme, die sie nach Möglichkeit vertuschen wollten. Und nun muß man doch, eingedenk aller notwendigen Diskretion, auf einige Fakten verweisen, die das frühere Referat Jugendhilfe erst veranlaßt haben, sich des kleinen David Bachmann anzunehmen.

Juliane Bachman war schon 1982 – sie hatte damals gerade einen Ausreise-Antrag gestellt – auf Grund des »Asozialen«-Paragraphen 249 StGB zu 14 Monaten Haft verurteilt worden. Der Paragraph 249 ist umstritten, besagte er doch seinerzeit in der DDR, daß schon als asozial galt, wer sich »aus Arbeitsscheu und verfestigter negativer Einstellung zu gesellschaftlich nützlicher Tätigkeit einer geregelten Arbeit entzog«. – Wirklich scheint dieser Paragraph, so sagen manche Juristen auch heute, eine unnötige Härte zu beinhalten. Juliane Bachmann war eben erst zwanzig, als sie verurteilt wurde. Zwar war sie haltlos, labil, vergnügungssüchtig und alles andere als zielstrebig – aber das sind schließlich Charakterschwächen, die man bei einem jungen Menschen zwar bekämpfen muß, aber doch wohl noch ändern kann. Im Knast aber – das beweisen jahrzehntelange Erfahrungen – ist noch keiner zum Besseren erzogen worden. Auch Juliane nicht, denn nach ihrer Entlassung nimmt sie ihren losen Lebenswandel wieder auf, lebt von Gelegenheitsarbeiten, die im dunkeln bleiben, und die wir hier nicht beleuchten wollen. Tatsache ist, daß sie 1985, vor der Geburt ihres Sohnes David, erneut verurteilt wird, diesmal sogar wegen Diebstahls. Fünf Tage nach Davids Geburt, am 5. Juli 1985, stellt sie einen Antrag an das Mütter- und Säuglingsheim in Kropstädt, ihren Jungen dort aufzunehmen. Das Heim bot diese Unterstützung kostengünstig vor allem alleinstehenden Müttern an. Das Referat Jugendhilfe erfuhr von der Unterbringung des Kindes in Kropstädt erst 1986, also ein volles Jahr später, als David zur Schwester von Juliane nach Dessau entlassen werden sollte, was auch geschah. Erst als Juliane Bachmann zwei Jahre später aus dem Gefängnis entlassen wird, nimmt sie ihr Kind mit zu sich nach Hause. Wie schon erwähnt, hatte man ihr zu einer Arbeit und zu einer Wohnung verholfen, was Juliane jedoch schlecht zu würdigen verstand. Als selbst der Krippenschwester auffiel, daß David meist unpünktlich und mit ungepflegtem Äußeren dort erschien, stets übernächtigt wirkte und nur selten zur verabredeten Zeit von der Mutter abgeholt wurde, wandte sie sich um Hilfe an das Referat Jugendhilfe. Von den zahllosen Versuchen der dortigen Mitarbeiter, des Jugendhilfe-Ausschusses, der ehrenamtlichen Jugendhelfer sowie der KrippenerzieherInnen, auf die pflichtvergessene Mutter – oder auch andere pflichtvergessene Eltern – positiv einzuwirken, um den vernachlässigten Kindern zu ihrem Recht zu verhelfen, kann man sich eine ungefähre Vorstellung machen, wenn man den Leserbrief liest, den ein langjähriger ehrenamtlicher Mitarbeiter der Jugendhilfe – einer der zigtausend ehemaligen Jugendhelfer in der DDR – in der »Mitteldeutschen Zeitung« vom 3. Juli 1991 veröffentlichen ließ. »Zu unseren wenig schönen Aufgaben«, heißt es da, »gehörten unsere Versuche, in sozial gestörten Familien uns für die betroffenen Kinder stark zu machen. Nicht immer waren wir erfolgreich, und wir mußten auch von schlimmen Vergehen verantwortungsloser Eltern gegenüber den eigenen Kindern erfahren. Unser Grundanliegen war aber immer und muß es auch bleiben: ›Alles zum Wohle des Kindes‹.«

Von dem Grundsatz »Zum Wohle des Kindes« hat sich auch das Gericht in Wittenberg leiten lassen, als es im Februar 1989 einer Klage des Referates Jugendhilfe entsprach und Juliane Bachmann das Erziehungsrecht für ihren Sohn David entzog. Die Mutter hatte ihr Kind, das seit dem Herbst 1988 wieder im Kinderheim war, nicht ein einziges Mal besucht (von einem Besuchsverbot konnte überhaupt keine Rede sein) und keinerlei Kontakt zu dem Heim gesucht. Auch legt Frau Bachmann gegen die Entscheidung des Gerichts keine Berufung ein, was durchaus möglich gewesen wäre. Man weiß, daß sie im November 1989 in die BRD übersiedelt ist, angeblich aus Furcht, daß ihr das Referat Jugendhilfe auch ihren zweiten Sohn, Markus, wegnehmen würde. »Das ist eine dreiste Lüge!« sagen mir die ehemaligen Nachbarn aus der Dobschützstraße, denn von diesem zweiten Kind, das offenbar erst in Augsburg zur Welt gekommen ist, hat noch niemand in Wittenberg etwas gewußt oder auch nur geahnt. Und natürlich hat ihr auch niemand damit drohen können, es ihr wegzunehmen.

Was bleibt also übrig von den Anschuldigungen, die Rechtsanwalt Raue gegen die verantwortlichen Leiter der Jugendhilfe und anderer Stellen erhebt? Ich möchte der Entscheidung der Clearingstelle nicht vorgreifen, meine aber, sie fallen zusammen wie ein Kartenhaus, obwohl Herr Raue versucht, den Brei am Kochen zu halten, indem er erklärt, daß er seine Anzeige beim Generalstaatsanwalt in Sachsen-Anhalt noch um den Verdacht der Rechtsbeugung und der Körperverletzung(!) zu erweitern gedenke.

David, für den kein Verwandter zur Stelle war, der ihn aufnehmen wollte, wurde im Mai 1990 zur Adoption freigegeben. Auskünfte über Adoptionen, das erklärt auch Carla Hanus abschließend in ihrem Kommentar, dürfen nicht erteilt werden. Dies sind geschützte Daten, vor allem im Interesse des Kindes und nach internationalem Recht. Bei Nachfragen müsse man also zwangsläufig auf Schweigen stoßen. Mit dieser Tatsache wird sich auch Juliane Bachmann abfinden müssen, in der erst im Frühjahr 1991 so plötzlich die Mutterliebe erwacht ist, die sie vorher so schmerzlich für ihr Kind hat vermissen lassen.

(Nachtrag: Wie ich nach Abfassung dieses Manuskriptes auf telefonische Anfrage vom Jugendamt Wittenberg erfuhr, ist dort bis jetzt noch keine Strafanzeige in Sachen Bachmann erhoben worden.)

Zwangsadoptionen – hüben wie drüben?

Unter den Akten, die Markus Zimmermann, Leiter des Jugendamtes in Berlin-Mitte, im Archivkeller des Berolina-Hauses entdeckt hat, befanden sich auch jene, die über die jahrelangen Bemühungen des Ehepaares Grübel, ihre beiden Kinder, die man ihnen bei ihrer Verhaftung entzogen hatte, zurückzubekommen, Auskunft geben. Der Fall liegt Jahrzehnte zurück, wurde schon Mitte der siebziger Jahre von westlichen Medien aufgegriffen und hat viele Jahre lang die höchsten Politiker beider deutscher Staaten beschäftigt. Dann wurde es auf einmal still um diesen eindeutigen Fall von Zwangsadoption, wie er sich leider in der DDR ereignet hat, obwohl die DDR selbst solche Verfahren stets energisch geleugnet hatte. Aber auch Zimmermanns Vorgesetzter Thomas Krüger, Senator für Jugend und Familie, hatte noch kurz vor Bekanntwerden des Akteninhalts in einem Ausschuß des Abgeordnetenhauses erklärt, daß ihm politisch motivierte Zwangsadoptionen in der DDR nicht bekannt geworden seien. Und Rechtsanwalt Wolfgang Vogel, der drei Jahrzehnte hindurch im höchsten Auftrag mit der Abwicklung humanitärer Probleme zwischen den beiden deutschen Staaten betraut war und es eigentlich am besten wissen mußte, bekannte sich lediglich zu drei, höchstens vier Fällen solcher Zwangsadoptionen, räumte aber ein, daß es etwa zwanzig weitere Fälle gegeben hätte, in denen Eltern das Erziehungsrecht entzogen worden war, und zwar gleichfalls aus politischen Gründen.

Und dies sind die Fakten im Falle Grübel, deren Akten das betroffene Ehepaar kürzlich einsehen konnte. Otto Grübel (36), hatte 1973 versucht, mit seiner Frau Barbara (24), und den beiden Kindern, drei und vier Jahre alt, über die Tschechoslowakei nach dem Westen zu flüchten. Sie hatten die Stacheldrahtverhaue bereits durchkrochen, als sie von Grenzsoldaten vom bereits erreichten österreichischen Territorium zurückgeholt wurden. Nach wochenlangen Verhören und nach Abschiebung in die DDR wurden sie dort zu je zwei Jahren und zehn Monaten Haft verurteilt. Von den Kindern wurden sie sofort getrennt, doch sagte man den Eltern zu, daß beide zu den Großeltern nach Ostberlin gebracht werden würden. Aber schon Ende August 1973 erfuhren die Großeltern, daß sie die Kinder nicht bekommen werden. Als Argument wurde ihnen entgegengehalten, daß sie ja nicht einmal die eigenen Kinder richtig erzogen hätten.

Die Kinder kamen also ins Heim. Und bereits 1974 wurde den Grübels vom Stadtbezirksgericht Berlin-Mitte das Erziehungsrecht abgesprochen. Als Begründung wurde in dem Verfahren angeführt, daß die Eltern bei ihrer versuchten Flucht Leben und Gesundheit der Kinder schwerstens gefährdet hätten, indem sie ihnen Beruhigungspillen und Äther verabreichten. »Schließlich waren die Eltern bereit«, heißt es in dem Gerichtsurteil weiter, »ihre beiden Kinder aus einer bisher stabilen sozialen Sicherheit einer ungewissen Zukunft auszusetzen.«

Diese Begründung, die eindeutig das politische Delikt der Republikflucht für den Entzug des Erziehungsrechtes ins Treffen führte, erschien dem Ostberliner Rechtsanwalt Clemens de Maizière so bedenklich, daß er dem Obersten Gericht der DDR zu Protokoll gab: »Ein solches Verhalten ist mit den humanitären Grundsätzen unserer Verfassung unvereinbar. Ich stehe nicht an, es als unmenschlich zu bezeichnen.« (»Spiegel« vom 3. 6. 1991.)

Die Eheleute Grübel wurden im Mai 1975 von der Bundesrepublik freigekauft. Ihr Antrag, auch die Kinder nach dem Westen mitnehmen zu dürfen, wurde abgelehnt. Schon im November 1975 wurden die Kinder, die so lange im Kinderheim Strausberg gewesen waren, zur Adoption freigegeben und an ein Ehepaar Klewin aus Eisenhüttenstadt vermittelt. Die Adoptiveltern wußten nichts von der Vorgeschichte der Kinder, sondern nahmen an, daß es sich um Waisen handele, die sie an Kindes Statt zu sich nahmen. Siebzehn Jahre lang lebten Jens und Jeanette Klewin, wie sie nun hießen, im Haushalt ihrer Adoptiveltern, die sie für ihre leiblichen Eltern hielten und ahnten nicht, daß irgendwo in der Bundesrepublik die wirklichen Eltern verzweifelt darum kämpften, ihre Kinder zurückzubekommen.

Doch trotz aller Anstrengungen verschiedener

Rechtsanwälte und sogar hochangebundener Politiker, die der unglückliche Otto Grübel einzuschalten verstand – so soll selbst Honecker 1976 auf Drängen von westlicher Seite zugesagt haben, »den Fall elegant aus der Welt zu schaffen« –, sahen die Grübels ihre Kinder vorerst nicht wieder. Dabei hielt man sie immer wieder mit Versprechungen hin, und eine Zeitlang sah es so aus, als wollte man die Kinder im Austausch gegen Christel Guillaume in den Westen entlassen. Doch auch diese Hoffnung zerschlug sich. »Und danach«, sagte Otto Grübel verbittert, »schienen wir dem innerdeutschen Ministerium und seinem Minister Franke nur noch lästig zu sein. Er ließ uns fallen wie eine heiße Kartoffel.«

Es ist entsetzlich, was die Eltern Grübel in all diesen Jahren durchgemacht haben. »Wir haben nur gewartet, gelitten, gehofft. Unser Leben war leer«, sagte Barbara Grübel einmal zu einer Interviewerin. Ich weiß nicht, ob sie dabei auch einen Gedanken an die Adoptiveltern verschwendet hat. Denn vielleicht ist es inzwischen auch zu ihnen gedrungen, daß es leibliche Eltern gibt, die Ansprüche auf die Kinder erheben. Frau Anneliese Klewin ist bereits 1984 gestorben und hat somit die Trennung von den Kindern nicht mehr erleben müssen, und zum Adoptivvater stehen die Kinder nicht im besten Verhältnis. Aber auch zu den leiblichen Eltern ist ihr Kontakt nur lose. Das erste Wiedersehen, das, nach dem Fall der Mauer, auf einen Hinweis von Rechtsanwalt Vogel im April 1990 endlich zustande kam, war für alle Beteiligten eine Enttäuschung. Die »Kinder« waren inzwischen junge Erwachsene, waren schon 20 und 21 Jahre alt; beide hatten keinerlei Erinnerung an ihre früheste Kindheit. Jeannette studiert jetzt an der Freien Universität in Berlin, und auch Jens, der in Frankfurt/Oder einen Imbißstand betreibt, steht schon auf eigenen Füßen. Was bedeuten ihnen jetzt noch die Eltern, die plötzlich aufgetaucht sind und sich in ihr Leben drängen? Frau Barbara Grübel bekennt wehmütig: »Jetzt habe ich zwar die Kinder wieder – und habe sie doch nicht. Wir werden viel Zeit brauchen, um uns näherzukommen.«

Ein bewegendes Drama, in dem es wiederum, wie es scheint, nur Verlierer gibt. Und man ist erschüttert, zu erfahren, daß es solche Tragödien in der vergangenen DDR gegeben hat.

Aber gab es Willkür, gab es erzwungene Adoption nur in der DDR?

Vor mir liegt ein dickes Zeitungsbündel mit Zeitungsberichten, aus denen hervorgeht, daß es auch in der BRD zahllose Fälle gab, in denen Mütter unter Zwang dazu getrieben wurden, ihr Kind zur Adoption freizugeben. Nur waren es dort vornehmlich soziale Gründe, die die jungen, meist alleinstehenden Frauen zu dieser Verzweiflungstat bewogen. Und bald haben sie ihren Schritt bereut und wollten ihn rückgängig machen – wie Gudrun Angela Gehrmann aus Weingarten, die einen schon jahrelangen, bisher erfolglosen Kampf beim Gericht um die Rückführung ihres Sohnes Stefan führt, der bei Pflegeeltern lebt. Da alle ihre bisherigen Eingaben zu keinem Erfolg führten, wandte sie sich am 2. 11. 1989 zwecks »Hilfe zur Rückführung des unrechtmäßig entzogenen Kindes« an die Kinderkommission des Deutschen Bundestages. In dem Brief schildert sie ihre verzweifelte Lage:

»Ich bin alleinerziehende Mutter und wende mich wegen schwerwiegender Probleme mit dem Jugendamt hilfesuchend an Sie.

Im Jahre 1980 kam meine Tochter Corinna zur Welt. 1983 mein Sohn Stefan. Während Corinna in meinem Haushalt lebt und von mir offenbar gut erzogen und versorgt wird, befindet sich Stefan seit Januar 1984 bei Pflegeeltern in Gladbeck. Das hiesige Jugendamt hat mir seinerzeit nahegelegt, das Kind zur Adoption freizugeben. Zu der ganzen Entwicklung haben in erheblichem Maße private Vermittler beigetragen. Ich wurde schließlich von verschiedenen Seiten derart unter Druck gesetzt, daß ich eine Freigabe-Erklärung unterschrieben habe. Doch unmittelbar danach wurde mir klar, daß ich gerade das nicht wollte und habe alles unternommen, diese Unterschrift rückgängig zu machen.«

Tatsächlich wurde die Unterschrift am 30. 10. 1986 vom Oberlandesgericht in Hamm für ungültig erklärt und der Mutter das Sorgerecht erneut übertragen. Und um eine behutsame Rückführung des Kindes zu gewährleisten, wurden zunächst Besuchskontakte an einem neutralen Ort in Gladbeck vereinbart. Doch obwohl die Pflegeeltern, ein Pfarrer und seine Ehefrau, nun wußten, daß Frau Gehrmann ihren Sohn zurück haben wollte, taten sie alles, um dies zu vereiteln. Sie führen gegen die Mutter, die ohne rechtliche Hilfe bleibt, einen unchristlichen, menschenverachtenden »Krieg«, in dem die Frau bis jetzt unterlegen ist. Ihr nervenzermürbender Kampf um das Kind geht weiter.

Auch »Bild der Frau« vom 28. 8. 1989 weiß in seiner Rubrik »Aktion Anonym« von einer Mutter zu berichten, der das Jugendamt ihre beiden Töchter von 7 und 10 Jahren entzogen und in ein Heim gesteckt hat, weil sie vorübergehend, nach einer gescheiterten Ehe, alkoholkrank war. Sie habe zwar getrunken, gesteht die Frau ein, habe aber niemals ihre Kinder vernachlässigt oder gar mißhandelt. Doch obwohl sie inzwischen von ihrer Sucht geheilt sei und harmonisch in einer neuen Partnerschaft lebe, enthalte ihr das Jugendamt die Kinder vor. »Die Macht der Behörde ist so groß«, sagt die Frau, »daß mir nicht einmal eine Anwältin helfen konnte. Denn laut Gerichtsbeschluß ging seinerzeit das Aufenthalts-Bestimmungsrecht als Teil des Sorgerechts an das Vormundschaftsgericht. Dies wieder rückgängig zu machen, ist eine langwierige Prozedur. Man muß starke Nerven haben, um da durchzuhalten.

»Tränen am Muttertag – drei kleine Kinder mußten ins Heim« ist auch ein Bericht überschrieben, den »Das Neue Blatt« am 22. Mai 1991 veröffentlicht hat. Die drei Kinder stammen aus einer zerrütteten Ehe, die vor zwei Jahren geschieden wurde. Durch die vorangegangenen Streitereien mit einem Mann, der zum Trinker geworden war, waren die Nerven der jungen Frau so angegriffen, daß sie sich mit der Erziehung ihrer drei kleinen Kinder überfordert fühlte. Zum Glück fand sie Hilfe bei ihren Eltern, die zwei der Enkelkinder zu sich nahmen, während die achtjährige

Jessica vorübergehend in die nur wenige Meter entfernte Wohnung der Schwiegereltern übersiedelte. So war zunächst einmal, wie man hätte denken können, das Problem gelöst, die Kinder in guter Verwahrung, und die junge Frau Rita konnte sich ganz der Wiederherstellung ihrer Gesundheit widmen. Aber sie und ihre Angehörigen sollten nicht zur Ruhe kommen. »Mein Mann und ich haben immer liebevoll für unsere beiden Enkelkinder gesorgt«, sagte Ritas Mutter. »Sogar ein Zimmer haben wir ausbauen lassen und uns in Schulden gestürzt. Dennoch wurden wir ständig von der Behörde kontrolliert, und man wollte uns Vorschriften für die Erziehung machen.«

Den Schwiegereltern wiederum wurde zur Last gelegt, daß Jessica versetzungsgefährdet war; angeblich zeige sie auch Störungen im Sozialverhalten, was – nach Ansicht des Jugendamtes – eine Folge der Trennung von ihren Geschwistern sei. »Das Argument ist völlig aus der Luft gegriffen«, sagte Jessicas Großvater. »Das Kind kann seine Geschwister doch jeden Tag sehen. Sie spielen auch täglich zusammen.« Doch das Jugendamt beharrte auf seiner Meinung und erwirkte beim Gericht eine einstweilige Verfügung, derzufolge die Kinder, um wieder zusammengeführt zu werden, in ein Heim eingewiesen werden sollen. Daß die Fahrt ins Heim ausgerechnet am Muttertag vor sich ging, ist besonders makaber. Sie wurde »für alle zum schwersten Weg ihres Lebens«, heißt es in dem Bericht. »Beim Abschied spielten sich erschütternde Szenen ab. Benjamin schmiegte sich an die geliebte Oma, und Jessica flehte ihre Großeltern an, sie bald wieder abzuholen. ›Ein Wahnsinn das Ganze‹, meinte der Großvater. ›Aber wir werden um die Kinder kämpfen und nicht eher Ruhe geben, bis sie wieder bei uns sind.‹«

Zwei weitere Fälle: Das Kreisjugendamt in Siegen spricht Frau Ursula Waage, Mutter eines sechsjährigen Jungen, das Erziehungsrecht ab, weil sie Jan in eine Pflegschaft gab, um als Alleinerzieherin nach der Scheidung zurechtzukommen; sie mußte schließlich ihr tägliches Brot verdienen.

Die sechzehnjährige Silvia, die Zwillinge erwartet, wird schon vor der Geburt der Babys von einer Mitarbeiterin des Jugendamtes dazu überredet, die Kinder zur Adoption freizugeben. »Was wollen Sie mit den Kindern?« fragt man sie. »Genießen Sie das Leben! Oder wollen Sie als junge Mutter zu Hause versauern?« – Diese merkwürdige Jugendberaterin nannte nicht einmal ihren Namen. Und obwohl Silvia, der die Eltern gleichfalls beratend und hilfreich zur Seite standen, empört das Ansinnen zurückweist, wird sie vom Jugendamt ständig überwacht. »Jeden zweiten Tag mußte ich mit den Kindern anrücken und sie nackt ausziehen«, erzählt sie, »und Amtsvormund sowie Sozialarbeiterin begutachteten sie von oben bis unten. Auch meine Wohnung wurde ständig auf Sauberkeit kontrolliert. Manchmal erschienen die Prüfer schon früh um acht, manchmal erst mittags oder auch abends – ich war nie sicher vor ihnen.« – Silvia hat inzwischen geheiratet und bekam ein weiteres Kind. Für das Jugendamt ein Anlaß, sie nun sogar mit Vorwürfen zu überhäufen. »Sie sind jung und bekommen sicher noch viele Kinder«, sagt man zu ihr. »Wie können Sie nur anderen kinderlosen Ehepaaren das Glück vorenthalten? Geben Sie doch die Zwillinge frei zur Adoption.« – Und als die junge Frau erklärt, daß sie sich nie von ihren ersten Kindern trennen wolle, heißt es plötzlich, Denise und Sarah seien verhaltensgestört, und man droht damit, die Kinder abzuholen. Die verzweifelte Mutter wendet sich nun an das Amtsgericht, das ein neues Gutachten einer Psychologin erstellen läßt. Als dieses positiv ausfällt, ist von einer Wegnahme der Kinder nicht mehr länger die Rede, und Silvia hofft, daß sie nun endlich vor dem Jugendamt Ruhe hat.

Ähnliche Beispiele ließen sich viele anführen. Sie alle beweisen, daß auch in der BRD die Arbeit der Jugendämter von der Öffentlichkeit wie vor allem von den Betroffenen oft scharfer Kritik unterliegt – ob zu Recht oder zu Unrecht, würde wahrscheinlich nur die Akteneinsicht klären können. Eins scheint allerdings sicher: Alleinerziehende Mütter waren in der DDR besser geschützt, und soziale Gründe für Zwangsadoptionen gab es hier nicht. Dagegen traf diejenigen die härteste Strafe, die versucht hatten, dem Staat den Rükken zu kehren, und man scheute bei solchem Tatbestand nicht davor zurück, Eltern, wie dem Ehepaar Grübel, die Kinder wegzunehmen. Dieser Fall einer Zwangsadoption nur aus politischen Gründen ist nicht zu entschuldigen. Doch warum, fragt man sich, wird er und einige weitere Fälle, die sich leider ereignet haben, gerade jetzt in den Medien so hochgespielt, während solche Praktiken bisher auch von der BRD stets geleugnet oder schamhaft verschwiegen wurden?

Und warum – wenn wir schon von Zwangsadoptionen reden – spricht niemand von den zahllosen Fällen, in denen Eltern vor dem Bau der Mauer, aber oft auch auf gefährlichen Wegen danach, in den Westen gingen, ihre Kinder aber in der DDR zurückließen, wohl weil sie wußten, daß der Staat sich schon ihrer annehmen würde? Die Mitarbeiter der Referate Jugendhilfe hatten damals alle Hände voll zu tun, um die unglücklichen Geschöpfe aus den verödeten Wohnungen herauszuholen, in denen aufgeschreckte Nachbarn sie, manchmal erst nach Tagen, aufgespürt hatten. Oft hatten sie die halb Verhungerten erst sattmachen müssen, bevor sie ihnen einen Platz im Heim verschafften, wo sie meist jahrelang bleiben mußten, wenn die Fahndung nach den Eltern erfolglos war. Frau Hannelore Z., Kinderschwester, die heute mit ihren fünfzig Jahren schon in den Vor-Ruhestand versetzt worden ist, erinnert sich voll Empörung an die damaligen Ereignisse.

»Ich war damals als Schwestern-Schülerin im Säuglings-Krankenhaus in Dessau tätig«, erzählt sie. »Was ich da als Siebzehnjährige erlebt habe, vergesse ich mein Lebtag nicht. Eltern brachten uns ihr Baby, nannten einen falschen Namen – und verschwanden auf Nimmerwiedersehen! Ärzte ließen in Scharen ihre kleinen Patienten im Stich. Jeden Tag erreichte uns eine neue Hiobs-Nachricht: Der und der Oberarzt ist auch weg! Wir Schwestern hatten keinen Feierabend mehr, wechselten von der Tagschicht ohne Pause in die Nachtschicht über, kannten kaum noch Schlaf. Wenn nicht unser Chefarzt, ein Halbjude, auf dem Posten geblieben wäre, hätten wir die Klinik schließen müssen. Und dennoch starben einige der Kleinen. Wir waren zu wenige, die helfen konnten, waren zu schwach. Und oft dachte man auch, wenn man solche Kinderleiche vor sich sah: vielleicht ist es am besten so für das arme Würmchen, das die herzlosen Eltern hier ausgesetzt haben ...«

Die Kinder aber, die am Leben blieben, kamen zunächst in ein Heim. Dort blieben sie, bis sich vielleicht einmal ein Elternpaar fand, das das Kind davor bewahrte, ein Dauer-Heimkind zu werden; das zunächst die Pflegschaft übernahm, und das sich nach Ablauf eines Jahres, wenn die Eltern noch immer unauffindbar waren, dazu entschloß, das Kind an Kindes Statt anzunehmen. Alles Zwangsadoptionen?

Wanderer von Heim zu Heim

»Mein Bestreben war immer«, sagt Frau K., die jahrzehntelang in der Heimerziehung tätig war, »ein Kind so früh wie möglich an Adoptiveltern zu vermitteln. Denn auch das beste Heim ersetzt nicht das Elternhaus.«

Das ist wohl wahr. Zumal die Differenzierung der Heime, die in der DDR lange Zeit üblich war, die Kinder unzählige Male zum Umzug zwang, vom Vorschulheim in ein Heim für Kinder der 1. bis 3. Klasse, von da aus in eins für etwas größere Kinder und schließlich in ein Heim mit Schülern der oberen Klassen, so daß die Kinder nirgends seßhaft, geschweige denn heimisch wurden. Zu welchen Schäden dieser ständige Wechsel bei den Kindern führt, zeigt am besten das Beispiel von Ralf-Peter, der seit seinem zweiten Lebensjahr im Heim war. Zunächst verlief seine Entwicklung durchaus positiv. In einem Bericht des Kinderheims über den Sechsjährigen heißt es: »Peter ist allem Neuen gegenüber aufgeschlossen. Er beobachtet gut und nimmt viel auf. Er hat seine Augen überall, fragt viel und findet blitzschnell Zusammenhänge ...« Doch leider wurde der Junge aus diesem Milieu, in dem er sich offensichtlich wohlfühlte, ohne zwingende

Gründe herausgerissen. Er kam in ein Heim, das vom Wohnort seiner Mutter leichter erreichbar war; doch die Mutter besuchte ihn sowieso nicht. Wie aber wirkte sich der unmotivierte Milieuwechsel auf Ralf-Peter aus?

Er befand sich jetzt in einem Heim, das Schulkinder der 1. bis 3. Klasse beherbergte. Auch er war eingeschult worden, doch schon nach dem ersten Jahresdrittel stellten seine Lehrer fest, daß seine geistigen Fähigkeiten zum Lernen noch nicht genügend entwickelt waren. »Er vergißt leicht, und er neigt zur Liederlichkeit«, heißt es in ihrem Bericht, in dem sie gleichzeitig seine Ausschulung befürworten. Auch der zu Rate gezogene Arzt schrieb an den Rand seines Attestes mit Bleistift: »Hospitalismus?« – Wie paßt die Einschätzung des Arztes mit dem glänzenden Entwicklungsbericht des vorigen Kinderheims zusammen? Hatte sich Ralf-Peter wirklich in den paar Monaten so verändert?

Er wurde ausgeschult, daher mußte er auch wieder das Kinderheim wechseln. Ein halbes Jahr später, als er endgültig eingeschult wurde, kam er in das frühere Heim zurück. Der ständige Wechsel seiner Umgebung hatte ihn nicht günstig beeinflußt. Angeblich war sein Benehmen jetzt äußerst schwierig geworden – »er ist frech, widersetzt sich den Anordnungen der Erzieher, unterdrückt seine Kameraden« (die alle jünger sind!) »und ist sehr zänkisch« –, so daß die Erzieher seine Überweisung in ein Spezial-Kinderheim beantragen. Im Oktober wurde er dorthin verlegt. Aber die Berichte aus dem Spezial-Kinderheim klangen überraschend gut: »Ralf-Peter lebte sich schnell in die neue Heimgemeinschaft ein«, hieß es. »Zu den Kindern und auch zu den Erwachsenen ist er freundlich, zugänglich und hilfsbereit. Er ist ein braver Junge.« – Und ein verständnisvoller Schullehrer schrieb sogar: »Ralf-Peter ist sehr anhänglich. Man merkt ihm an, daß ihm die elterliche Liebe fehlt.«

Ungefähr in diese Zeit fiel Ralf-Peters Einfall, zu den Pflegeeltern seiner Halbschwester Inge Kontakt zu suchen. »Liebe Eltern«, schrieb er an diese Menschen, die er nie in seinem Leben gesehen hatte, »heute möchte ich Euch ein paar Zeilen schicken. Wie geht es Euch? Mir geht es schlecht. Ich werde in der Schule geschlagen. Schreibt doch sofort an die Jugendhilfe, damit ich für immer nach Hause komme. Nun will ich schließen. Es grüßt Euch Peter.« Und als dringendes Nachwort stand da: »Vergeßt nicht, an die Jugendhilfe zu schreiben.«

Peter war zu jener Zeit elf Jahre alt. Aus seiner Handlung hätte jeder Psychologe ersehen müssen, daß er sich ungerecht behandelt fühlte und daß er das Bedürfnis hatte, ebenfalls »Eltern« zu haben, die ihn gegebenenfalls gegen Ungerechtigkeiten in Schutz nehmen könnten. Wahrscheinlich hatte er die offene Postkarte mit seiner Anrede »Liebe Eltern« überall im Heim und in der Schule herumgezeigt. Aber wie reagierte die Umwelt auf seine Bemühungen, einen Menschen zu finden, dem er sein Herz ausschütten konnte? Bei den Empfängern seiner Karte stieß er auf schroffe Ablehnung. Sie schickten die Karte zurück ans Kinderheim und fügten kategorisch hinzu, daß sie mit dem Bruder ihres Pflegekindes keine Verbindung wünschten und seine »Schreibereien« in Zukunft nicht mehr beachten würden. Und Peters Vater, an den er sich gleichfalls gewandt hatte, schrieb ihm brüsk: »Lege keinen Wert auf einen Briefwechsel mit Dir. Wir müssen jeden Monat für Dich zahlen, und das genügt.«

Auch die Karte dieses »Vaters« ging ans Kinderheim, dessen Leiter in einem Brief an das Referat Jugendhilfe sein Befremden darüber ausdrückte, daß der Junge an diesen Vater, den er gar nicht kannte, überhaupt geschrieben hatte. Ahnte der Leiter, ein erfahrener Pädagoge, wirklich nicht, warum der Junge dies getan hatte? Daß er verzweifelt jemanden suchte, der zu ihm gehörte und dem er vertrauen konnte?

Er kam wieder in ein anderes Heim, und dem zuständigen Jugendfürsorger gelang es sogar, einen Lehrvertrag als Schuhmacher für ihn abzuschließen. Damit glaubte er Ralf-Peters Lebensweg auf Jahre hinaus sinnvoll festgelegt zu haben. Doch plötzlich – der Junge war inzwischen achtzehn und damit volljährig geworden – erhielt das Referat Jugendhilfe die Nachricht, daß Ralf-Peter das Heim verlassen, die Lehre abgebrochen und sich auswärts Arbeit gesucht habe. Sein Aufenthalt sei unbekannt …

»Ich wundere mich nicht über sein Verhalten«, sagte mir damals der Jugendfürsorger. »Der Junge ist durch acht Heime gegangen. Schließlich war er wohl des ewigen Heimdaseins so überdrüssig, daß er die erste Gelegenheit ergriffen hat, um davonzulaufen. Er ist ja volljährig.«

Mit der Volljährigkeit war Ralf-Peter der Zuständigkeit der Jugendhilfe entwachsen. Daß man ihn dort dennoch nicht aus den Augen ließ, war allein der Initiative seines Jugendfürsorgers zu danken, der sich nach wie vor für den Jungen verantwortlich fühlte. Er bemühte sich, die Arbeitsstelle von Ralf-Peter herauszubekommen, und nachdem ihm dies gelungen war, schrieb er an den Personalchef des Betriebes, daß er um den Jugendlichen in großer Sorge sei und daß er bäte, sich seiner aus den und den Gründen besonders anzunehmen. »Vielleicht ist es möglich«, schrieb er weiter, »daß ihn ein älterer, erfahrener Kollege unter seine Fittiche nimmt, ihn vielleicht sogar in seine Familie holt – das wäre für den Jungen, der Elternliebe nie kennengelernt hat, das allerbeste.«

Der Elternliebe nie kennengelernt hat … Aber Ralf-Peter hatte doch eine Mutter, möchte man einwenden. Sie hatte den Jungen mit zwei Jahren ins Heim gegeben und sich nie mehr um ihn gekümmert. Ein besonderer Fall von verkümmerter »Mutterliebe«?

In der DDR hatte sich ein Unwesen breitgemacht, eine Art staatlich gebilligte Kindesaussetzung. Ich hatte oft von Müttern gehört, die sich nach der Entbindung weigerten, ihr Neugeborenes mit nach Hause zu nehmen, so daß die JugendfürsorgerInnen gezwungen waren, das Baby ins Heim zu geben. Andere Eltern entledigten sich ihrer Kinder, indem sie behaupteten, mit ihnen allein nicht mehr fertig zu werden, und sie stellten den Antrag auf Heimeinweisung. Die Leidtragenden waren immer die Kinder, wie auch das Schicksal der kleinen Brigitte S. erhellt, deren Lebensgeschichte ich hier kurz skizzieren will.

Brigitte war die drittälteste von sechs Geschwistern. Die Ehe der Eltern war zerrüttet, der Vater war arbeitsscheu, Trinker, krankhaft eifersüchtig. Als Brigitte eben acht Jahre alt war, reichte ihre Mutter die Scheidung ein. Doch beim Scheidungstermin verhalten sich beide so wankelmütig, daß die Ehe nicht geschieden wird. Aber diese durch und durch defekte Ehe ist nicht mehr zu kitten. Als die Frau mit einer schweren Lungenentzündung und unter dem Verdacht der Tb ins Krankenhaus muß, verliert der Mann vollends den Halt und verläßt mit dem zwölfjährigen Bruno und der neunjährigen Brigitte die Republik. Die übrigen Kinder kommen ins Kinderheim Werftpfuhl.

Über Brigittes Erlebnisse im anderen Teil Deutschlands unter der »Obhut« eines Vaters, der jeder ernsthaften Arbeit aus dem Wege ging, dafür aber von früh bis spät in Kneipen hockte, sagen die Akten wenig aus. Aber spätere Notizen beweisen, daß Brigitte während der ganzen Zeit keine Schule besucht hat. Eines Tages befindet sie sich wieder im Durchgangsheim für Kinder in Berlin-Stralau. Ebenso wie ihr älterer Bruder Bruno war sie von ihrem Vater in völlig verwahrlostem Zustand zurückgeschickt worden. Da die Mutter aber noch immer Tb-krank war, wies man Brigitte in das Kinderheim Pritzhagen ein, während Bruno in das Kinderheim Birkenwerder kam. Von der zehnjährigen Brigitte heißt es in einem Entwicklungsbericht, sie sei »sehr familiengebunden« und es sei auffallend, »mit welch großer Liebe sie an ihren Geschwistern hängt«.

Sie litt unter der Trennung von ihren fünf Geschwistern, die in drei oder vier verschiedenen Heimen lebten. Auch war es sicher nicht günstig, daß sie im Kinderheim Pritzhagen, in dem es nur Klassen des 1. bis 4. Schuljahres gab, vorwiegend mit Jüngeren zusammen war. Erst mit ihrer Versetzung in die 5. Klasse wird sie ins Kinderheim Buchholz verlegt, wo sie wenigstens in der Nähe ihrer Mutter ist. Brigitte hängt mit großer Liebe an ihrer Mutter. Jeden Sonntag geht sie zu ihr ins Krankenhaus, und wenn sie zurückkommt, überlegt sie bereits, womit sie die Mutter das nächste Mal erfreuen kann. Ihr ganzes Taschengeld gibt sie für Obst und Blumen aus, ja, sie spart sich sogar ihren Sonntagskuchen vom Munde ab, um der Mutter eine Freude zu bereiten. Ein dankbarer Blick ihrer Mutter macht sie überglücklich.

Und doch sollte ihr gerade die Mutter die größte Enttäuschung bereiten. Zu Beginn des folgenden Jahres ist Frau S. so weit genesen, daß beim Gesundheitsamt gegen die Heimentlassung ihrer Kinder keine Bedenken mehr bestehen. Brigitte weiß das, aber ihre Mutter, die die Kinder jahrelang auf den Zeitpunkt ihrer Gesundung vertröstet hat, rührt keinen Finger, um ihre Kinder nach Hause zu holen. Brigitte versteht die Mutter nicht mehr. Selbst sonntags findet ihre Mutter meist keine Zeit für sie; Brigitte wartet jedes Wochenende auf einen Anruf, aber stets vergeblich. Und eines Tages erfährt sie, daß die Mutter wiederum ein Kind erwartet, daß sie eines Mannes wegen das ihr gegebene Versprechen gebrochen hat. Der Schock ist so groß für sie, daß sie rapide in ihren Leistungen absinkt. In einem zweiten Entwicklungsbericht des Kinderheims heißt es: »Brigitte hat monatelang unter der zweifelhaften Haltung ihrer Mutter gelitten. Sie war in dieser Zeit sehr verschlossen, ihre Teilnahmslosigkeit drückt sich auch in ihrem Schriftbild aus ...« Weiter wird festgestellt, daß Frau S. Brigitte gegenüber als Mutter versagt hat; sie hat die Dreizehnjährige mit ihren Sorgen und Problemen allein gelassen. Das Referat Jugendhilfe lud Frau S. wegen der seelischen Schwierigkeiten, in die Brigitte geraten war, zu einer Aussprache ein, stieß aber auf eisige Ablehnung. Das seien ihre privaten Angelegenheiten, die niemanden etwas angingen, entgegnete sie schroff.

Von Brigitte gibt es aus dieser Zeit die folgende Selbsteinschätzung: »Ich bin schon vier Jahre im Heim. Ich möchte nicht mehr ins Heim. Ich habe meine Mutter sehr gern. Ich habe keinen Vater. Ich möchte gern nach Hause. Ich habe oft Heimweh. Ich weiß, daß ich es umsonst schreibe, ich komme sowieso nicht nach Hause. Ich bitte das Referat, dafür zu sorgen, daß ich nach Hause komme.«

Gibt es einen Menschen, der von diesen Zeilen nicht angerührt würde? Es gibt einen: Brigittes Mutter. Diese Frau, die in einem volkseigenen Betrieb als Chefsekretärin tätig war, die längst, um ihre Kinder zu sich nehmen zu können, eine bessere Wohnung bekommen hatte, schien ihre Kinder vergessen zu haben. Offenbar stand sie völlig unter dem Einfluß des Mannes, der seit kurzem in ihr Leben getreten war. Sie nahm nicht mehr an den Elternversammlungen des Kinderheims teil, sie besuchte nicht einmal einen Elternabend, der für Brigitte einen Höhepunkt darstellen sollte! Die Heimleiterin drückte der Mutter telefonisch ihr Befremden über das Fehlen aus. Die JugendfürsorgerInnen versuchten, Frau S. in ihrer Wohnung zu sprechen; als sie sie mehrmals nicht antrafen, hinterließen sie eine Vorladung, die die Frau ignorierte. Seit Jahren wurden die Heimkosten nicht mehr von ihr bezahlt. Nur auf Druck des Referates fand sie sich bereit, zu Weihnachten ihre drei ältesten Kinder einzuladen. Aber als die Kinder auch in den Sommerferien zu ihr kommen, schickt sie sie ins Heim zurück, weil sie mit ihrem Freund eine Reise ins Ausland plant.

Ein Jahr später bestellt sie die Kinder sogar noch drei Tage vor dem Fest telegrafisch ab. Die Kinder, die sich schon seit Wochen auf den Urlaub gefreut und auch Geschenke gebastelt hatten, konnten nicht fassen, daß ihre Mutter so an ihnen handeln konnte.

Ein besonders krasses Beispiel? Ja, aber leider kein Einzelfall. Von den 1131 Minderjährigen eines Berliner Stadtbezirks, die ständig von den Referaten Jugendhilfe betreut wurden, lebten 200 Kinder in Heimen, obwohl sie eigentlich, im Sinne von »schwererziehbar«, nicht ins Heim gehörten. Aber sie lebten dort, weil entweder ihre harmonische Entwicklung im Elternhaus nicht gewährleistet war oder – weil es sich die Eltern zu bequem machten. Die Mutter des dreizehnjährigen Jürgen, der seit seiner Geburt im Heim war, hatte sich nie in all den Jahren um ihren Sohn gekümmert. Weder hatte sie ihn besucht, noch erlaubte sie, daß er übers Wochenende zu ihr nach Hause kam. Sie bezahlte auch keine Verpflegungskosten. Als sich jedoch für Jürgen die Chance bot, von liebevollen Eltern adoptiert zu werden, erhob diese »Mutter« Einspruch: »Ich gebe nicht meine Einwilligung zur Adoption«, schrieb sie an das Kinderheim. »Schließlich kann mein Junge noch mal mein Ernährer sein.«

Auf dem Tisch einer Jugendfürsorgerin lag der Strafantrag des Staatsanwaltes gegen einen Jugendlichen, der kürzlich im Jugendwerkhof auf einen Erzieher und auf mehrere Mitinsassen so heftig eingeschlagen hatte, daß ein Bursche ins Krankenhaus gebracht werden mußte. »Auch diesen Jungen hat eine Mutter auf dem Gewissen«, erzählte mir die Fürsorgerin.

Werner war gerade sieben, als seine Mutter an das Referat Jugendhilfe mit dem Ersuchen herantrat, ihren Jungen ins Heim einzuweisen. Sie habe es nicht nötig, sich ihr Leben lang mit ihm herumzuärgern, sagte sie. Sie gab offen zu, daß sie keine Liebe für ihn empfinde; in ihrem Beruf als Bardame sei er ihr nur im Wege. Die Fürsorgerin hatte der herzlosen und gefühlskalten Mutter den Vorschlag gemacht, ihr Kind in Pflege zu geben oder – noch besser – es adoptieren zu lassen, und die Mutter, sichtlich erleichtert darüber, daß sie ihr Kind so rasch loswerden sollte, hatte zuerst auch freudig zugestimmt.

Doch bald danach hatte sie sich wieder anders besonnen. Bei der nächsten Aussprache widerrief sie die schon gegebene Einwilligung zur Adoption, bestand aber darauf, daß man Werner in ein Heim einweise. Aus Platzmangel mußte dies abgelehnt werden, und nun begann Werners Leidensweg. Seine Mutter besann sich immer nur dann auf ihre »Mutterliebe«, wenn sie gerade keinen »Verlobten« hatte. War ein neuer »Verehrer« in Sicht, so bereitete sie dem Jungen die Hölle. Nichts durfte er in der guteingerichteten Wohnung berühren. Während die Mutter mit ihrem Freund bei einer Flasche Wein vor dem Fernseher saß, mußte Werner sich im Schlafzimmer aufhalten; kaum war er eingeschlafen, vertrieb sie ihn auch von dort, und manchmal warf sie ihn einfach auf die Straße.

Doch ganz schlimm wurde es erst, als die Mutter sich mit einem Kellner befreundete, der sich vornahm, Werner durch »Härte« zu erziehen. Was er darunter verstand, wurde bald klar, als mehrere Anzeigen von Hausbewohnern über die schwere Mißhandlung bei der Polizei einliefen. Nun schaltete sich erneut die Jugendhilfe ein, die Werner endlich in ein Heim einwies. In der Folgezeit pendelte der Junge ständig zwischen dem Haushalt der Mutter und einem Kinderheim. Nach jeder neuen Verlegung wurde er schwieriger. Seine Erzieher charakterisierten ihn als störrisch und aufsässig. In einem Entwicklungsbericht hieß es, bei Werner habe sich eine solche Menschenfeindlichkeit herausgebildet, daß keine Vertrauensbasis mehr zu schaffen sei. Da er immer wieder aus den Heimen entwich, wurde er in einen Jugendwerkhof eingewiesen, wo es zu den geschilderten Ausschreitungen kam. Nun würde er einige Monate Freiheitsentzug zu gewärtigen haben. Aber hätte man diese Entwicklung nicht verhindern können?

»Niemand wird als Verbrecher geboren«, sagte die zuständige Jugendfürsorgerin. Aber an Werner seien viele Fehler begangen worden. Ein Fehler der Jugendhilfe wäre es zweifellos gewesen, daß man Werners Mutter nicht beizeiten das Sorgerecht aberkannt hätte. Statt für Werner liebevolle Pflegeeltern zu suchen, an denen kein Mangel herrsche, habe man den Jungen von Heim zu Heim geschickt, von wo ihn die Mutter immer wieder herausriß, so daß er nirgendwo heimisch werden konnte. In einer harmonischen Umgebung hätte sich Werner zweifellos gut entwickelt. Die Jugendfürsorgerin hatte mehrmals mit dem Jungen gesprochen. Entgegen den Beurteilungen seiner Heimleiter hatte sie den Eindruck gewonnen, daß Werner keineswegs verstockt und prinzipiell ablehnend war, sondern nur sehr niedergeschlagen und verstört. Aus allen seinen Antworten klang die resignierende Erkenntnis: Mich will ja keiner haben. Mit mir können sie machen, was sie wollen ...

Sind Heimkinder Menschen besonderer Art? Sind sie schlechter auf das Leben vorbereitet als Familienkinder? Sind sie anfälliger gegenüber negativen Einflüssen? Viele Jugendliche, die in den vergangenen Jahren vor Gericht standen, hatten Jahre ihrer Kindheit im Heim verbracht. Begünstigt die Heimerziehung etwa gar diese negative Entwicklung? Daß ein häufiger Milieuwechsel, wie er in den fünfziger und sechziger Jahren üblich war, sich schädlich auf die Heimkinder auswirkte, hatten die Verantwortlichen in der Jugenderziehung bald erkannt, und sie hatten ihre Lehren daraus gezogen. In den späteren Jahren war eine Differenzierung der Heime nur noch für Vorschulkinder und für Schulkinder zugelassen. Die praktische Verwirklichung dieser Anordnung stieß auf Schwierigkeiten. Denn es ist klar: Ein Heim, das Kinder verschiedener Altersgruppen unter seinem Dach vereinigen soll, stellt an die Erzieher höhere Anforderungen, als sie es bisher gewohnt waren, und viele Erzieher waren dem nicht gewachsen. Ein positives Beispiel bot hier schon in frühen Jahren das Kinderheim in Weimar, in dem Kinder von der 1. bis zur 10. Schulklasse untergebracht waren. Die Kinder konnten hier also zu einer großen Familie zusammenwachsen. Eine Besonderheit im Heim war die musische Erziehung, der die Leiterin großen Wert beimaß. »Man nennt unser Haus den ›Mustertempel‹«, erzählte sie mir mit feiner Selbstironie. »Unsere Kinder erhalten zweimal wöchentlich bei einer Tanzpädagogin Ballettunterricht. Dies tun wir nicht, weil wir etwa Tänzerinnen ausbilden wollen, aber ich halte es für wichtig, die Gedanken der Kinder durch die schönen Künste auf das Gute zu lenken und ihren Geschmack zu bilden. Gymnastik und Tanz führen zur Körperbeherrschung und verleihen den Menschen Selbstbewußtsein – etwas, was gerade Heimkinder, die oft sehr gehemmt sind, bitter nötig haben.«

An dem Tag, als ich das Heim besuchte, waren die Kinder nachmittags in die Stadt gefahren. Erst kurz vor dem Abendessen kamen sie zurück, voll von neuen Eindrücken und Erlebnissen. Die frische, natürliche Art, mit der sie erzählten, und die Freimütigkeit ihres Auftretens schienen der Theorie der Leiterin recht zu geben; hier war nichts von der sprichwörtlichen Schüchternheit und Befangenheit eines Heimkindes mehr zu spüren. Man fühlte, daß die Kinder hier »zu Hause« sind. Die Leiterin war die »Mutter«, zu der jeder mit seinen Freuden oder kleinen Sorgen kommen durfte. Auch die Freizeit verbrachte die Leiterin mit »ihren« Kindern. »Viele Heimleiter schicken die Kinder übers Wochenende fort, um sie zu zerstreuen oder um ihnen neue Eindrücke zu vermitteln«, sagte mir die Leiterin. Sie sei gar nicht dafür. Beurlaubungen nach Hause führten oft dazu, daß die Kinder verstört zurückkämen; sie brauchten Tage, bis sie wieder im Gleichgewicht seien. Sie behalte die Kinder lieber im Heim und gestalte ihnen den Sonntag wirklich sonntäglich. Eine gemeinsame Wanderung, ein Museumsbesuch – mit den Größeren ginge sie auch mal ins Theater. Die Leiterin verrät nicht, wieviel zusätzliche Mühe sie die Gestaltung eines solchen Feiertages koste. Fragt eine Mutter nach der Mühe, die sie aufwenden muß, um ihren Kindern eine Freude zu machen?

Manche Kinder lehnten es übrigens ab, nach Hause zu fahren. Andere wieder, wie Roswitha, erfuhr ich, hätten große Sehnsucht, wenn sie einige Wochen nicht zu Hause gewesen wären. Roswitha habe noch sieben Geschwister, die Mutter trinke. Noch nie habe die Mutter ihrem Kind etwas Gutes angetan. Roswitha erkenne dies gut, hänge aber dennoch am Zuhause. Diese merkwürdige Anhänglichkeit, die man bei vielen vernachlässigten Kindern beobachten könne, entspringe oft einem natürlichen Geltungsbedürfnis: Sie wollen auch eine Mutter und ein Zuhause haben …

»Wir können bei aller Anstrengung den Kindern nicht so viel Liebe geben, wie sie brauchen«, meinte auch diese Leiterin, die ich für vorbildlich halte, resigniert. Sicher: Keine ErzieherIn kann dem Kind den Vater oder die Mutter ersetzen. Aber wie, wenn die Eltern selbst nicht in der Lage sind, ihre Kinder zu erziehen? Wenn sie ihre Pflichten gegenüber den Kindern allzu lax auffassen? Ein nicht geringer Teil der Arbeit der Jugendhilfe bestand seit je darin, milieugefährdete Kinder zeitweilig aus ihren Familien herauszunehmen. Aber mit der Heimeinweisung des Kindes ist es nicht getan. Sondern die Verhältnisse im Elternhaus müssen verändert werden.

Für den elfjährigen Christian P. war die Unterbringung im Heim angeordnet worden. Man hatte ihn mehrmals bei kleineren Diebstählen ertappt, und er hatte sogar schon versucht, seine jüngere Schwester zu ähnlichen Diebereien anzustiften. Jetzt hatte man die Eltern zu einer Aussprache eingeladen. Der Vater, ein massiger Vierziger, erschien im blauen Monteuranzug. Finster hörte er der Verlesung des Antrages zu, der harte Anklagen gegen ihn selbst enthielt: er huldige übermäßig dem Alkohol, hieß es darin; im angetrunkenen Zustand breche er Streit vom Zaun; es käme auch zu Tätlichkeiten. Um die Erziehung der Kinder kümmere er sich so gut wie gar nicht ... Ob er sich herunterputzen lassen müsse wie ein Schuljunge? fuhr er auf. Er habe gedacht, daß es um Christian ginge. Für anderes sei ihm die Zeit zu schade ...

Es war schwer, mit diesem Mann voranzukommen, der wenig Einsicht zeigte. Als eine FürsorgerIn ihn fragte, ob er sich mal überlegt habe, wodurch Christian, der ja nicht als Dieb geboren war, so geworden sei, brauste er auf: »Nun langt's mir aber. Glauben Sie, ich hätte dem Bengel befohlen, das Geld zu klauen?« Es bedurfte unendlicher Mühe, um ihn davon zu überzeugen, daß auch er sich in seinem Verhalten grundlegend ändern müsse, bevor Christian in sein Elternhaus zurückkehren könne. Umfassende Maßnahmen wurden getroffen. Die Jugendfürsorgerin stellte gemeinsam mit den Eltern und mit Unterstützung der Schule für die im Haushalt verbleibenden Kinder einen Erziehungsplan auf. Auch hierbei stieß man anfangs bei dem Mann auf erbitterten Widerstand. »Wollen Sie uns vielleicht erzählen, daß bei uns keine Ordnung ist? Das wissen wir selbst, das brauchen Sie uns nicht erst zu sagen.«

Glücklicherweise war seine Frau, die lange gegen den gewalttätigen Mann nicht aufzumucken gewagt hatte, gefügiger. Sie begriff, daß die JugendfürsorgerInnen ihre Verbündeten waren und bemühte sich, ihre Ratschläge zu befolgen. Sie versprach, ständig mit ihrem Jungen, solange er im Heim war, Kontakt zu halten und die Erziehungsarbeit des Heims zu unterstützen. Zu Hause sollte sie im Interesse der anderen Kinder Differenzen mit dem Mann vermeiden und besonders in allen Erziehungsfragen mit ihm einig sein. Die Schule sollte mit Christian in Verbindung bleiben. Die vorübergehende Heimerziehung hat sich für Christians Entwicklung als günstig erwiesen. Aber wieviele Anstrengungen aller waren nötig, um diesen Erziehungserfolg nicht nur bei ihm, sondern auch in seinem Elternhaus herbeizuführen!

Mich hatte immer interessiert zu erfahren, was die Heimerzieher unternommen haben, um die Kinder auf das Leben vorzubereiten. Das Heim in Weimar schien auch darin vorbildlich gewirkt zu haben, indem man sich bemühte, den Alltag der Heimkinder so weit wie möglich dem von Familienkindern anzupassen. Das Heimkind wächst ja gewissermaßen in »glänzenden Verhältnissen« auf. Es setzt sich immer an einen gedeckten Tisch, für seine Kleidung ist gesorgt, ja, selbst an hübschen, oft sogar kostbaren Spielsachen entbehrt es nichts. Das kann leicht dazu führen, daß es alle diese Dinge als selbstverständlich hinnimmt. Wie war es denn in den meisten Heimen? Das Essen kam auf den Tisch, ohne daß das Heimkind dafür einen Finger zu rühren brauchte; die Wäsche lag stets sauber im Schrank, scheinbar von irgendwelchen Heinzelmännchen dorthin gelegt. Eine Pflegemutter erzählte mir mal, daß ihr Patenkind – das Kind aus einem Heim – ratlos vor dem Brotkasten mit dem Brot gestanden habe: es kannte Brot bisher nur in Form von fertigen Schnitten. Gegen solche Weltfremdheit ging man in Weimar entschlossen an. Dort hatten die Kinder schon dadurch, daß sie die Schule in der Stadt besuchten, genügend Kontakt zur Außenwelt. Sie mußten auch selbst ihre Unterwäsche waschen und die Kleidung pflegen. Wenn für die Kleineren Schuhe gekauft werden mußten, schickte man die Größeren mit, damit sie lernten, richtig auszuwählen und mit dem Geld auszukommen. In den Ferien lernten sie nähen und häkeln, sogar Maschine nähen. Alles Dinge, die sie im Leben gut gebrauchen können.

Ich wollte wissen, ob die Kinder auch Taschengeld bekommen haben. Ja, in Weimar gab man ihnen von dem Stipendium, das die Schüler der 9. und 10. Klasse von der Schule erhielten, zehn Mark in die Hand; das übrige wurde für Anschaffungen verwandt oder gespart. Eine ehemalige Erzieherin des Janusz-Korszak-Heims, das 1980 gegründet wurde, erzählte mir, daß dort die Kinder sehr knapp gehalten wurden. Alles Entbehrliche wurde auf die hohe Kante gelegt, so daß die Jugendlichen, wenn sie mit achtzehn das Heim verließen, ein hübsches Sümmchen auf dem Bankkonto hatten. Zusammen mit den 3000 Mark, die jedes Heimkind bei der Entlassung vom Staat erhielt, verfügten sie über ein Startkapital, mit dem sich schon etwas anfangen ließ.

Seien die Kinder erst einmal ausgeflogen, sagten mir die ErzieherInnen beider Heime, so bemühten sie sich, die Verbindung zu ihnen so lange wie möglich aufrechtzuerhalten, was ihnen meistens auch gelungen sei. Denn die Fürsorge im Heim, die sie oft als bedrückend empfunden hätten, vermißten sie jetzt, da niemand mehr da sei, der sich um sie kümmere. Es fehle an Wohnheimen für Jugendliche, bestätigten mir beide. Solange die nicht vorhanden wären, geschähe es wohl immer wieder, daß ehemalige Heimkinder, plötzlich in die Selbständigkeit entlassen, im Leben versagten und sich eines Tages vor den Schranken eines Gerichts verantworten müßten.

HeimerzieherInnen erzählen ...

Wenn man ergründen will, ob es Zwangsadoptionen in der DDR gegeben hat – womöglich in größerem Ausmaß –, so muß man diejenigen befragen, die in den vergangenen Jahrzehnten als HeimerzieherInnen oder als MitarbeiterInnen der Referate Jugendhilfe tätig waren. Meine erste Gesprächspartnerin ist Erika B., langjährige Erzieherin im Janosz-Korszak-Kinderheim in Berlin. Erika B. erzählt:

»Zwangsadoptionen? Also, von uns kenne ich so etwas nicht. Ich gehe mal alle aus meiner Gruppe der 14- bis 18jährigen durch. Da gab es einen, den Martin, dessen Eltern inhaftiert worden waren. Aber der ist sofort, nachdem seine Eltern wieder frei kamen und nach drüben gingen, hinterhergeschickt worden. Im Unterstufenbereich hatten wir einen Jungen und dessen zehnjährige Schwester, deren Eltern das Land verlassen hatten. Es gab die Großeltern am Ort, die sich sehr um die Kinder gekümmert haben und sie auch gern übernommen hätten. Aber das durfte nicht sein. Die Eltern haben das Vorrecht, hieß es, und wir mußten die Kinder an die Grenze bringen. Die Großeltern waren todtraurig, die Kinder auch, sie wollten nicht von den Großeltern weg. Aber da war nichts zu machen, einer unserer Erzieher mußte die Kinder an die Grenze bringen. Das war so Anfang der achtziger Jahre. Vielleicht war es früher anders, das weiß ich nicht. Das Korszak-Heim ist ja erst 1980 gegründet worden.

Aber ich habe im Sommer 1961 erlebt, wie ein Arzt-Ehepaar aus dem Grabensprung und Ärzte aus dem Griesinger-Krankenhaus rübergegangen sind und ihre Kinder einfach hier ließen. Ich habe damals noch als Lehrerin gearbeitet. Wir haben dann herumgehorcht und gefragt, ob es irgendwo Verwandte oder Bekannte gibt, die sich der Kinder annehmen könnten. Wir haben später auch für *unsere* Kinder immer nach Verwandten gesucht, um ihnen das Heim zu ersparen. Der Tierpark war unser Patenbetrieb, und zweimal war es uns gelungen, Menschen zu finden, einen Tierpfleger und einen Inspektor, die die Patenschaft über zwei Kinder übernommen haben. Das ging sogar bis zur Adoption. Aber das waren Ausnahmen und gelang meistens nur bei den Kleineren. Die Großen hatten oft schon schlechte Erfahrungen gemacht, waren enttäuscht worden und sagten: Jetzt sei das Heim ihr Zuhause. Sie wollten auch von den Eltern nichts mehr wissen. Vom Heim aus hatten wir ja alles versucht, um die Eltern ausfindig zu machen, doch leider ohne Erfolg. Auch 1989 sind noch zwanzig Kinder zu uns ins Heim gekommen, deren Eltern verschwunden waren. Einfach weg, über Ungarn oder irgendeine Botschaft. Viele hoffen heute noch, daß sich ihre Eltern wieder melden und sich um sie kümmern. Manche reden sich ein, daß ihre Eltern nicht wüßten, wo sie seien …

Ja, also mit meinem Dasein als Frührentnerin kann ich mich nicht abfinden. Ich komme einfach nicht damit zurecht. Man hat doch mit den Kindern gelebt, hat sie aufwachsen sehen. Wenn ich mal alle Zimmer so durchgehe ... Hartmut ist Autolackierer geworden. Vater kannte er nicht, seine Mutter war asozial, Alkoholikerin, mit der war überhaupt nichts anzufangen. Harald – geistig war mit dem nicht viel los, aber im Beruf war er ordentlich. Mit den Eltern hatte er keinen Kontakt. Mario aus dem Nebenzimmer ist Gleisbau-Facharbeiter, mit dem gab's Schwierigkeiten. Seine Eltern haben nur getrunken, nicht gearbeitet, lebten vom Altstoffe-Sammeln. Mario hatte sich, um nicht arbeiten zu müssen, mit dem Hammer die Hand zertrümmert. Sollte in den Jugendwerkhof. Er hatte sich im Heim inzwischen ganz gut entwickelt, so daß wir unseren Antrag auf Einweisung zurückziehen wollten, aber es war schon zu spät. Na, wir haben ihn selber hingebracht, haben immer den brieflichen Kontakt mit ihm aufrechterhalten; er sollte nicht fürchten müssen, daß wir ihn vergessen hätten.

Andreas kam zu uns ins Heim, weil Nachbarn beobachtet hatten, daß sich keiner um ihn und seine Geschwister kümmert. Die Kinder wurden im Zimmer eingeschlossen, ein Eimer zur Verrichtung der Notdurft wurde hineingestellt – das war alles. Zu essen bekamen sie nichts – die Kinder wären verhungert. Die Mutter kam ins Gefängnis wegen Diebstahl, wurde entlassen, stahl wieder und kam erneut in den Knast. Wir haben dann einen Gerichtsprozeß angestrengt, wollten, daß der Mutter das Erziehungsrecht entzogen wird. Ich wurde als Zeugin gehört. Das war eine ungeheure Sache, alles mußte haargenau belegt werden, und hätten wir nicht die Argumente auf den Tisch legen können, wären wir mit unserer Klage nicht durchgekommen. Beim Gericht sind die Eltern ja meist umgefallen, sie kämpften darum, das Erziehungsrecht zu behalten. Aber nicht aus Elternliebe taten sie das, sondern nur wegen des Kindergeldes. Manche Eltern hatten Heimschulden bis zu 6000 Mark. Die Heimkosten bezahlten sie nicht, aber vor Gericht hatten sie den großen Rand: *mein* Kind! Wir lassen uns doch nicht unser Kind wegnehmen. Später haben sie sich nicht mehr um ihr Kind gekümmert, auch wenn sie nur eine Viertelstunde vom Heim entfernt wohnten.

Einmal hat uns ein Mädchen aus der 6. Klasse, Karin, in helle Aufregung versetzt. Sie hatte mit den anderen Kindern, es war Sonntag, im Park gespielt, war aber plötzlich verschwunden. Einige Kinder hatten aber beobachtet, daß sie in eine Taxe gestiegen war. Die Mutter war aus dem Gefängnis entlassen worden – und hatte das Mädchen regelrecht entführt. Als Karin auch spätabends noch nicht zurückkam, mußten wir die Polizei einschalten, und nach zwei oder drei Tagen war Karin wieder bei uns. Sie war sehr unglücklich, daß sie wieder zurück mußte. Aber wir mußten doch erst in Erfahrung bringen, ob die Mutter einen festen Wohnsitz hatte, ob sie arbeitete, ob die Bedingungen gegeben waren, daß sie ihr Kind zurückbekam. Aber das war's schon, das blieb der einzige Auftritt der Mutter. Sie hat sich nie wieder um ihre Tochter gekümmert. Auch die Großeltern, zu denen wir guten

Kontakt hatten, wußten ihre Adresse nicht. Karin hat noch lange gebarmt nach ihrer Mutter, bis sie endlich begriff, daß die Mutter nichts mehr von ihr wissen wollte. Es war nur ein Aufflackern gewesen, ein einmaliges Gefühl von Mutterliebe, das schnell wieder erloschen war.

Und in allen Heimen sind noch Kinder untergebracht, die vergeblich darauf hoffen, daß ihre Eltern sich mal wieder an sie erinnern.«

Der letzte Satz von Erika B. macht betroffen, und ich frage Frau K., die jahrzehntelang als Heimerzieherin und zuletzt als Fürsorgerin in einem Kinderheim tätig war: Waren die in der Jugendhilfe tätigen MitarbeiterInnen jenen Eltern gegenüber, die ihre Erziehungspflichten vernachlässigten, nicht oft allzu nachsichtig? Denn schon das Ende 1965 erlassene Familiengesetzbuch der DDR bot ihnen doch die Handhabe, »bei schwerem schuldhaften Verhalten der Eltern« diesen das Sorgerecht zu entziehen. Warum hat man oft so lange gezögert? Zu lange, wie mir scheint, zum Schaden der Kinder?

»Es stimmt, wir haben uns die Entscheidung niemals leicht gemacht«, bestätigte Frau K. »Lag denn wirklich immer ein schuldhaftes Verhalten vor? Viele Eltern waren nur untüchtig, unfähig, das Leben zu meistern – aber nicht böswillig. Sollten wir ihnen deshalb die Kinder wegnehmen? Wir hofften doch immer, daß sie sich bessern würden, nahmen die Kinder nur vorübergehend ins Heim, um den Eltern die Möglichkeit zu geben, ihr Leben zu ordnen. Doch leider wurde aus der Übergangszeit oft ein Dauerzustand. Und wenn die Kinder erst älter waren, hatten sie kaum noch die Chance, adoptiert zu werden. Ich habe in den letzten Jahren immer darauf gedrungen, daß bis zum 6. Lebensjahr über das weitere Schicksal des Kindes entschieden wird. Entweder die Eltern waren in der Lage, selbst für ihr Kind zu sorgen, oder wir mußten das Gericht einschalten, damit ihnen das Sorgerecht entzogen und das Kind zur Adoption freigestellt werden konnte.«

Frau K. hat bei etwa hundert Adoptionen mitgewirkt. Es waren die Lichtpunkte in ihrer Tätigkeit, sagte sie, und sie erzählt auch gleich eine Episode, die ihr als besonders beeindruckend im Gedächtnis geblieben ist:

»Der Bürgermeister und seine Frau aus einer Nachbargemeinde hatten sich schon vor Jahresfrist ein kleines Mädchen aus unserem Heim in ihr Haus geholt. Der Tag der Adoption wurde zusammen mit dem 50. Geburtstag des neuen ›Vaters‹ gefeiert; es wurde ein großes Fest. Der ganze Ort nahm teil, und wir von der Jugendhilfe wurden regelrecht mitgefeiert. Bettina war damals acht Jahre alt. Es war eine Freude zu sehen, daß sie sich dort schon wie zu Hause fühlte. Kurz vor unserem Aufbruch zupfte mich Bettina am Kleid: Sie wollte mir rasch noch ihre Katzen zeigen. Also hin zur Scheune und eine halsbrecherische Stiege hinauf! Doch oben fanden wir nur noch die jungen, noch blinden Kätzchen vor, die Katzenmutter war auf Mäusesuche. Bettina legte mir ein Kätzchen in den Arm. Plötzlich stand die Katzenmutter an der Stiege, äugte mißtrauisch zu uns herüber – und machte kehrt. ›Siehst du, Bettina‹, sagte ich ganz betroffen, ›jetzt haben wir vielleicht einen Fehler begangen. Womöglich wird die Katzenmutter nicht wiederkommen‹. – ›Aber nein, Frau K.‹, erwiderte das Kind sehr ernst, ›das ist doch die Mutter der Kleinen – die läßt ihre Kinder nicht im Stich.‹ – Ich bückte mich rasch zu den Kätzchen hinunter, die Kehle war mir wie zugeschnürt. Unten in meiner Mappe lagen Bettinas Akten und darin eine Erklärung ihrer asozialen Mutter, in der diese mit einem Atemzug auf vier ihrer sieben Kinder verzichtet hatte! Können Sie mir nachfühlen, wie mir zumute war, als ich Bettina gleich darauf wieder fröhlich ihrer neuen, wirklichen Mutter um den Hals fallen sah? In solchen Augenblicken fühlt man stark, daß unsere Arbeit trotz mancher Rückschläge doch nicht sinnlos ist«, sagt Frau K. froh.

Als Frau K. von Bettina erzählt, gehen meine Gedanken unwillkürlich zu Sonja-Marietta zurück, deren Schicksal mich vor Jahren lange beschäftigt hat. Die Mutter der Kleinen, die siebzehnjährige Jutta S., saß im Jugendgefängnis. Sie hatte ihr damals zweijähriges Kind auf dem Hausboden eines Berliner Miethauses »abgelegt« und war mit Freunden tanzen gegangen. Die Nachricht darüber, die unter der Überschrift »Leichtsinnige Mutter trieb sich herum« durch etliche Zeitungen ging, hatte mich aufgewühlt. Ich war empört, daß man hier den Stab über ein junges Menschenkind brach, ohne nach den Hintergründen zu forschen, die gewiß mit daran schuld waren, daß Jutta, die mit fünfzehn Mutter, also schon mit vierzehn schwanger geworden war, ihre gewiß verwerfliche Tat beging. Was war Jutta für ein Mensch? fragte ich mich. Aus was für Verhältnissen kam sie?

Um Antwort auf diese Fragen zu finden, war ich zusammen mit der Jugendrichterin Lisbeth Samain, die damals am Gericht in der Littenstraße wirkte, schon mehrmals nach Seelow hinausgefahren, wo Jutta zuletzt im Haushalt ihrer Mutter mit elf weiteren Geschwistern gelebt hatte. Wir besuchten Jutta auch im Jugendgefängnis in Frankfurt/Oder, weil wir von ihr wissen wollten, wie sie sich nach Verbüßung ihrer Strafe ihr weiteres Leben dachte. Wollte sie Sonja-Marietta, die jetzt im Heim war, wieder zu sich holen? Eine Familie gründen? Endlich seßhaft werden?

Es war schwer, an Jutta heranzukommen. Sie blieb verschlossen und unnahbar. Der Sachverständige, der vor Gericht gehört wurde, führte aus, daß Jutta »schwer verwahrlost« sei. Sie war in Düsseldorf bei der Großmutter aufgewachsen, einer lebenslustigen Dreißigerin, in deren Wohnung die Männer ein- und ausgingen. Bis in die Nacht hinein wurden Orgien gefeiert, an denen das frühreife Kind immer teilnahm. Zweimal kam Jutta in Fürsorge-Erziehung. Hier brachte sie auch ihr Kind zur Welt, das man ihr aber nach der Geburt sofort wegnahm, da sie nicht stillen konnte. So mußte in der Fünfzehnjährigen, die Mutterliebe selbst niemals kennengelernt hatte, auch das Gefühl für ihr Kind schon im Keim verkümmern. Als ihr zum dritten Mal die Fürsorge-Erziehung drohte, übersiedelte sie kurzerhand zu ihrer Mutter nach Seelow – ohne ihr Kind, das ihr die Großmutter allerdings bei einem späteren Besuch wieder mitbrachte. »Waren Sie denn damit einverstanden«, hatte der Richter bei der Verhandlung gefragt, »daß Ihr Kind nun bei Ihnen blieb?« – Und Jutta erwiderte kalt: »Mein Kind war mir fremd. Aber ich mußte mich ja irgendwie daran gewöhnen.«

Sie hatte sich nicht gewöhnt, wie alle wußten, die bei der Gerichtsverhandlung zugegen waren. Das Kind war ihr lästig vom ersten Augenblick an, und sie hatte keine Skrupel gehabt, es hilflos auf einem fremden Hausboden zurückzulassen. Das Gericht erkannte auf Freiheitsentzug von zwei Jahren unter Anrechnung der Untersuchungshaft. Fast zwei Jahre also würde Sonja-Marietta ohne ihre Mutter sein. Und wie würde ihr weiteres Leben verlaufen? Ihre Mutter würde sich im Gefängnis, wie wir alle hofften, an eine ordentliche Arbeit gewöhnen müssen. Aber würde im Gefängnis auch die Liebe zu ihrem Kind erwachen?

Die Jugendrichterin Lisbeth Samain, die am Gericht oft genug mit ehemaligen Heimkindern, die sich im Leben nicht zurechtfanden, zu tun hatte, plädierte leidenschaftlich dafür, Sonja-Marietta für die Adoption freizugeben. Auch ich war der Ansicht, daß es für das Mädchen das beste wäre, wenn es, solange es noch klein war, in eine neue Umgebung, zu liebevollen Adoptiveltern käme. Zwei Elternpaare – beide aus gesicherten Verhältnissen – hatten sich schon um das Kind bemüht. Aber ihre Anträge wurden abgelehnt – von dem Leiter des Referates Jugendhilfe in Seelow. Der berief sich darauf, daß Jutta noch nicht volljährig sei. Erst mit achtzehn könne sie darüber befragt werden, ob sie ihr Kind zur Adoption freigeben wolle. Und wenn sie sich weigere, könne er erst recht nichts tun. Denn er brauche die Einwilligung der Mutter zur Adoption.

So weit die Entscheidung des Referates Jugendhilfe im Sommer 1965, an der damals nicht zu rütteln war. Denn – wie bereits erwähnt – erst im Dezember 1965 wurde das Familiengesetz dahingehend abgeändert, daß die Gerichte ermächtigt wurden, bei Verletzungen der Erziehungspflicht energischer gegen die Eltern vorzugehen und in besonders krassen Fällen von schuldhaftem Verhalten ihnen das Erziehungsrecht zu entziehen, um damit die rechtlichen Grundlagen für eine Adoption zu schaffen. Hat auch der Referatsleiter in Seelow sein Verhalten daraufhin revidiert?

Eines Tages setze ich mich wiederum – nach 25 Jahren! – in mein Auto und fahre nach Seelow hinaus. Ich muß wissen, was aus Sonja-Marietta geworden ist. Lebte sie später bei ihrer Mutter? Oder blieb sie im Heim? Ob sich noch jemand an ihren »Fall« erinnert? Ich habe Glück, denn in der Baracke, wo das Jugendamt untergebracht ist, treffe ich noch zwei Mitarbeiterinnen von damals an, und auch sie erkennen mich wieder. Aber Herr F., der damalige Referatsleiter, der sicherlich über Sonja-Mariettas Schicksal im Bilde ist, sei nun Rentner und wohne in einem Dorf, 15 km entfernt. Ich fahre auch zu ihm hinaus. »Ja, wissen Sie eigentlich«, fragt er mich, nachdem er die erste Überraschung über meinen Besuch überwunden hat, »daß die DEFA einen Dokumentarfilm über die Geschichte des Mädchens gedreht hat? Man hat Sonja-Marietta, die ja bildhübsch war, im Kinderheim gefilmt, und mich haben die Filmemacher mächtig in die Mangel genommen, weil ich mich einer Adoption widersetzt hatte …« – Ja und? unterbreche ich ihn ungeduldig, habe er später seine Meinung geändert? Herr F. nickt halb schuldbewußt. Es sei ja später eine Anordnung »von oben« gekommen, die überfüllten Heime nach adoptionsfähigen Kindern durchzuforsten, und da sei auch er schließlich zu der Überzeugung gelangt, daß der Jutta das Kind nur lästig war. Nicht ein einziges Mal habe sie ja nach ihrem Kind gefragt. Sie sei übrigens gleich nach ihrer Entlassung wieder nach dem Westen gegangen. Ja, und Sonja-Marietta wurde etwa im Jahre 1970 adoptiert. Sie habe sich in der neuen Familie, wie er gehört habe, sehr gut entwickelt.

Mir ist leichter zumute, als ich nach Stunden – ich mußte mit der Familie von Herrn F. noch zu Abend essen – dem Dorf den Rücken kehre. Erst allmählich geht mir auf, wie absurd das alles ist. Herr F. mußte herbe Kritik einstecken, weil er seinerzeit in einer Adoptionssache allzu zögerlich war. Heute würde man ihm wahrscheinlich, falls er noch im Dienst wäre, vorwerfen, daß er an Zwangsadoptionen beteiligt war …

(Am nächsten Tag springt mir aus der Zeitung eine Notiz in die Augen. »In der BRD«, heißt es da, »wurden 1989 über 7000 Adoptionen vorgenommen, darunter in 326 Fällen ohne Einwilligung der Eltern.« Waren das ebenfalls Zwangsadoptionen? frage ich mich.)

Der schwere Weg, Vater und Mutter zu werden

Ein Hauptanliegen der Jugendhilfe, so bestätigten mir viele ihrer MitarbeiterInnen, besteht darin, allen Kindern die Familienerziehung zu sichern. Doch war das so in der Praxis? Oft hatte man, vor allem in früheren Jahren, nur Augenblickshilfe geleistet. Ein Kind wurde aus seiner asozialen Familie herausgenommen und ins Heim eingewiesen. Dort hatte man es häufig regelrecht »vergessen«. Erst Anfang der siebziger Jahre begann man damit, für jedes Kind eine genaue Perspektive aufzustellen, die das Kinderheim zusammen mit dem Referat Jugendhilfe erarbeiten mußte. Beide sollten sich darüber klar werden: Kehrt das Kind eines Tages zu seinen Eltern zurück, oder ist das unmöglich? Im zweiten Fall mußte man sich rechtzeitig um eine Patenschaft oder um Pflegeeltern für das Kind bemühen. Man versuchte, zwischen einzelnen Kindergruppen und einem Betriebskollektiv eine Verbindung zu knüpfen; daraus ergab sich oft eine engere Beziehung zwischen der Familie eines Brigademitglieds und einem Kind, die manchmal zu einer Pflegschaft oder sogar zur Adoption führte. Neben diesem guten, gesunden Versuch, dem Kind zu einer Familienbeziehung zu verhelfen, gab es leider aber auch andere, nicht ganz saubere Wege, die von Seiten derjenigen beschritten wurden, die angeblich ein Pflegekind annehmen wollten. So erzählte mir eine Heimerzieherin:

»Eines Tages rief in unserem Kinderheim eine Ärztin an, ob sie ein zwölfjähriges Pflegekind haben könne? – ›Muß es gerade zwölf sein?‹ erkundigte sich die Leiterin, der schon dieses Ersuchen verdächtig erschien, denn im allgemeinen wünschen sich Elternpaare ein kleineres Kind. Ob es ein Junge sein dürfe? fragte sie weiter. – Ach nein, kam es gedehnt vom anderen Ende her; lieber ein Mädchen. Die Betreffende solle doch während der Sprechstunde die Patienten einlassen, ihr ein paar Handreichungen machen. Und kräftig solle sie sein und anstellig, da sie des Nachts etwaige Telefongespräche entgegennehmen müsse ... ›Wenn Sie ein unbezahltes Dienstmädchen suchen, Frau Doktor‹, habe die Leiterin sie unterbrochen, ›dann sind Sie hier falsch. Wenden Sie sich ans Arbeitsamt‹.«

Ein weiteres Motiv für den Entschluß mancher Ehepaare, ein Kind anzunehmen, war auch häufig die Wohnungsfrage. So suchte das Elternpaar G. ein Pflegekind, weil es befürchtete, ein Zimmer seiner Wohnung hergeben zu müssen. Sowie diese Gefahr behoben war, ließen sie nichts mehr von sich hören. Andere Ehepaare machen sich von dem Pflegekind ihr eigenes Wunschbild und sind bitter enttäuscht, wenn das angenommene Kind ihrem Wunschbild nicht entspricht. »Ich führe ja zunächst, vor der etwaigen Adoption, ein ausführliches Gespräch mit dem Elternpaar«, sagte Frau K., die, wie schon erwähnt, an etwa hundert

Adoptionen mitgewirkt hat. »Wenn mir die Eltern sagen, wir möchten ein Kind – möglichst ohne Brille, dann schicke ich sie sofort zurück. ›Kaufen Sie sich einen Hund‹, sage ich denen, ›oder einen Wellensittich. Ein Kind ist wohl für Sie nicht das Richtige‹.«

Im Kinderheim erschien eines Tages das Ehepaar D., das die Absicht äußerte, ein elternloses Kind über die Wochenenden zu sich einzuladen. Die Leiterin verwies das Paar an die achtjährige Ingetraud, die schon drei Jahre im Heim war und um die sich niemand kümmerte. Die Mutter schien verschollen zu sein, reagierte auf keine Aufforderung der Heimleitung, sich wieder einmal sehen zu lassen und hatte anscheinend ihre Kinder, Ingetraud und deren jüngeren Halbbruder, vollständig abgeschrieben. Das Ehepaar war einverstanden, und Ingetraud gehörte von nun an zu jenen glücklichen Kindern im Heim, die jedes Wochenende Nachthemd, Waschutensilien und Zahnbürste zusammenpackten und stolz »nach Hause« gingen. Zwei Jahre später faßte das Paar den Entschluß, das Mädchen ganz zu sich zu nehmen und zu adoptieren. Aber da lebte ja irgendwo noch die Mutter. Frau D. bat beim Referat Jugendhilfe um Klärung der Verhältnisse, damit die Mutter ihnen das Kind nicht wieder streitig machte. Darüber verging etwa ein Vierteljahr. Inzwischen hatten die D.s aber ihre Meinung geändert. Sie wollten nun doch von einer Adoption absehen und Ingetraud nur in Pflege nehmen. Ob sie für das Mädchen Pflegegeld erhalten würden? Und ob Ingetraud auch Kleidungsstücke mitbekäme? Auch bäten sie um eine Unterstützung von fünfhundert Mark, da sie für

Ingetraud ein Zimmer herrichten lassen müßten. Ingetrauds Einzug könne aber erst Anfang des nächsten Jahres erfolgen.

Die Jugendfürsorgerin tat ihr Bestes. Sie verhalf dem Ehepaar zu einer einmaligen Beihilfe von hundert Mark, und sie versuchte, bei dem Paar durchzusetzen, daß Ingetraud doch schon früher zu ihnen kommen könne, da sie sonst noch in ein anderes Heim übersiedeln müsse, was man ihr nach Möglichkeit ersparen wolle. Aber die D. zeigten kein Verständnis. Sie schoben dringende Anschaffungen vor und blieben bei dem von ihnen festgesetzten Termin. Das Mädchen mußte wirklich vorübergehend in ein anderes Heim, bevor es zu den Pflegeeltern übersiedeln durfte.

Zu Anfang ließ sich alles gut an. Ingetraud half im Haushalt, und zwischen allen Beteiligten herrschte ein herzliches Einvernehmen. Doch bald verlangte Frau D. vom Referat Jugendhilfe eine weitere Zuwendung. Ingetraud, schrieb sie, sei so groß und stark geworden, daß ihr keine Kleider mehr paßten und man Anschaffungen wie für eine Erwachsene für sie machen müsse. Zwei Monate später beantragte sie sogar eine zusätzliche monatliche Beihilfe, da Ingetraud auf Anraten der Schule ihr Abitur machen solle; die hohen Ausgaben für das Mädchen nun noch zwei Jahre länger zu tragen, seien sie indes außerstande. Um Ingetrauds Entwicklung aber nicht hemmend im Wege zu stehen, schlug sie vor, das Mädchen wieder in ein Heim einzuweisen.

»Das Schreiben zeugt nicht von großer Liebe zum Kinde«, hatte die Jugendfürsorgerin an den Rand des

Briefes geschrieben. Man billigte aber dennoch dem Ehepaar einen monatlichen Zuschuß zum Pflegegeld zu. Trotzdem wiederholten die D.s wenig später ihre Bitte, Ingetraud in ein Heim einzuweisen, da »ihr Verhalten zu täglichen Reibereien« führe, denen der Gesundheitszustand von Frau D. nicht gewachsen sei. »Wir tragen natürlich einen großen Teil der Schuld«, gaben sie selbstkritisch zu, »denn wir hätten ein Kind, das schon so viele Jahre im Heim war, nie aus seiner gewohnten Umgebung herausreißen dürfen.«

War dies wirklich der Grund, warum dieses so hoffnungsvoll begonnene Experiment scheitern mußte? Ingetraud, die von allen anderen Menschen sehr positiv beurteilt wurde, hätte sich sicher in die fremde Familie eingefügt, wenn man ihr mit Liebe und Verständnis begegnet wäre. Doch gerade daran fehlte es offenbar den Eheleuten D., die sich wohl hauptsächlich von materiellen Beweggründen hatten leiten lassen. »Wie kann sich die Jugendhilfe vor dieser – glücklicherweise seltenen – Abart von Pflegeeltern schützen?« fragte ich die Jugendfürsorgerin, die mir Ingetrauds Geschichte erzählt hatte. Sie hob die Schultern. »Ein Rezept gibt es natürlich nicht. Das Ehepaar D. machte einen äußerst korrekten Eindruck, es hatte einen guten Leumund, beide waren genau das, was man ›saubere und ordentliche Menschen‹ nennt. Sie hatten ja auch schon lange mit Ingetraud in Verbindung gestanden. Es gab gar keinen Grund für uns, ihnen mit Mißtrauen zu begegnen, geschweige denn, ihnen das Pflegekind vorzuenthalten.«

In der Tat ist ein Verhalten wie das des Ehepaars D.

oder der Ärztin selten anzutreffen. Zahlreicher sind die Beispiele, in denen vereinsamte Menschen durch den Entschluß, ein Kind zu sich zu nehmen, wieder Anschluß ans Leben und damit echte Lebensfreude gefunden haben. In meinem weiteren Bekanntenkreis lebt eine Frau, die im Krieg den Mann und ein Kind verloren hatte. Um der drohenden Einsamkeit vorzubeugen, nahm sie ein elternloses Geschwisterpaar bei sich auf, und nach Ablauf eines Jahres holte sie sich aus dem Heim noch einen Hilfsschüler hinzu, da sie meinte, daß ein nervenschwaches Kind ohne Eigeninitiative am ehesten in Gemeinschaft mit lebensfrohen und lebenstüchtigen Geschwistern gesunden würde. Eine Frau, der man nur höchste Anerkennung zollen kann.

Diese drei Kinder hatten Glück, sie wurden von einer liebevollen Mutter adoptiert. Vielen anderen Kindern, die ebenfalls ein neues Elternhaus hätten finden können, wurde dieser Weg verbaut, da die Referate Jugendhilfe lange Zeit hindurch der Vermittlung von Kindern an Adoptiveltern zu wenig Beachtung geschenkt und es an Entscheidungswillen gegenüber den leiblichen Eltern hatten fehlen lassen. So war das Mißverhältnis zwischen Adoptionsbewerbern und zur Adoption freigegebenen Kindern immer größer, und die Wartefristen von adoptionswilligen Eltern immer länger geworden.

Anfang der siebziger Jahre entschloß sich das Ministerium für Volksbildung, Abteilung Jugendhilfe, das Adoptionswesen nicht länger dem Selbstlauf zu überlassen, und man richtete im Berliner Roten Rathaus eine zentrale Adoptionsstelle ein. »Wie kommen Sie zu den Kindern, die Sie vermitteln wollen?« fragte ich Frau B., die diese Stelle viele Jahre hindurch leitete.

In erster Linie, erfuhr ich, erfolgten die Meldungen über die Referate Jugendhilfe in den Gemeinden oder Stadtbezirken; dabei handele es sich jedoch vorwiegend um schwer zu vermittelnde Kinder.

Idealfälle, also Kleinstkinder und Kinder im Vorschulalter, würden meist durch die Referate selbst vermittelt, die ja auch später die Adoption vornähmen. Ebenso bemühten sich manche Kinderheime, für ihre Kinder geeignete Familien zu finden, und oft konnten sie der Adoptions-Zentrale schon konkrete Vorschläge machen. Gut sei auch die Verbindung zur Charité sowie zu anderen Entbindungshäusern und zur Säuglingsfürsorge. Dort wisse man ja am besten, wann eine Mutter ihr Kind fortgeben wolle. Gerade kürzlich hatte sie solch einen Fall, erzählte Frau B. lebhaft. »Die Charité meldete uns die Geburt eines Mädchens, das die sehr junge Mutter nicht behalten wollte. Ich habe daraufhin sofort ein Gespräch mit dem Rat eines Stadtbezirks in Jena geführt, weil mir bekannt war, daß dort die Adoptionsgenehmigung für ein Ehepaar vorlag, das bereits sehnsüchtig auf sein künftiges Kind wartete. Anfang nächster Woche wird die Mutter die Einwilligungserklärung unterschreiben, und tags darauf kann das Ehepaar das Baby zu sich holen. Wir bemühen uns, in solchen Fällen rasch und unbürokratisch zu verfahren, um den Menschen zu ihrem Glück zu verhelfen. Die Adoption wird übrigens nie sofort vollzogen, sondern bei Säuglingen erst nach zwei Jahren, bei größeren Kindern nach einem Jahr ›Probezeit‹. Sehr ungeduldige Eltern schaffen es manchmal früher. Gerade kürzlich bemühte sich ein Berliner Ehepaar sehr um die vorzeitige Adoption. Das Referat Jugendhilfe des Stadtbezirks wollte erst nichts davon wissen, weil das Kind noch klein war und man seine geistige Entwicklung abwarten wollte. Doch die Eltern erklärten: ›Wir nehmen das Kind so, wie es ist. Auch wenn es krank ist, bleibt es immer unser Kind.‹ Diese vorbildliche Haltung der Eltern wurde anerkannt, und man beschloß, auch nach Anhören der Meinung der Kommissionsvorsitzenden, ihre Bitte zu erfüllen. Die Adoption wird in den nächsten Tagen vollzogen werden.«

Frau B. wußte noch mehr über Vorgänge mit »glücklichem Ausgang« aus ihrer Praxis zu berichten. Kürzlich hatte sie zum Beispiel einen kleinen Mischling an genau die richtigen Eltern vermitteln können. Monatelang hatte sie sich vergeblich bemüht, den Kleinen in einer Familie unterzubringen. Die meisten Eltern geben das Adoptivkind gern als ihr eigenes aus, und sie befürchten, daß es wegen des Mischlings zu peinlichen Fragen kommen könnte. Doch eines Tages erschien auf der Adoptionsstelle ein Ehepaar, das sich für vier Jahre für einen Auslandseinsatz in Sansibar verpflichtet hatte und das am liebsten ein Adoptivkind gleich dorthin mitnehmen wollte. Der Wunsch bereitete Frau B. manches Kopfzerbrechen – bis sie sich des Mischlings entsann und ihn dem Ehepaar anbot. Dieses war sofort einverstanden. Da die Adoptivmutter noch einige Monate in Deutschland blieb, würde sie Gelegenheit haben, sich an ihr neues Kind zu gewöhnen und umgekehrt, bevor beide die Reise nach Afrika anträten.

Schwieriger sei es, das höre ich immer wieder, die größeren Kinder unterzubringen. Frau B. wies gerade ältere Ehepaare stets darauf hin, daß sie klüger täten, sich für ein etwas größeres Kind zu entscheiden. Wenn Mittfünfziger mit dem Wunsch nach einem Kleinkind an sie heranträten, mache sie ihnen eine einfache Rechnung auf: Sie würden siebzig sein, wenn ihr Kind in die Pubertät käme und schwierig würde. Ob sie dann noch geistig so rege seien, um sich in die Gefühlswelt eines heranwachsenden Menschen einzufühlen? – Schwierig sei auch die Vermittlung eines Sonderschulkindes. Hier hätte man sich in der Vergangenheit eher dazu entschließen sollen, das Pflegegeld zu erhöhen, da man kaum verlangen konnte, daß Ehepaare, die die große Belastung der Pflege und Förderung eines Sonderschulkindes auf sich nahmen, auch noch finanziell draufzahlen mußten. Hätte der Staat hier tiefer in die Tasche gegriffen, so hätte sich das für ihn hundertfach ausgezahlt, denn diese Kinder stellten für die Heime eine schwere Belastung dar, da sie auch die Entwicklung der gesunden Kinder gehemmt haben.

Wie kommt man nun heute dazu, ein Kind adoptieren zu können? Frau Z. ist kürzlich Mutter eines dreiwöchigen Kindes geworden und hat mir den Hergang, der zur Adoption führte, genau erzählt.

»Wir haben im Frühjahr 1989 den Antrag auf Adoption eines Kindes gestellt und dabei erklärt, daß uns auch ein Mischling angenehm wäre. Wir hatten uns schon ein Jahr zuvor mal erkundigt, wie die Sache so läuft. Damals wurde uns das Ganze eigentlich wenig schmackhaft gemacht. Es seien doch meist Kinder aus asozialen Verhältnissen, die man da bekäme; auch stünden nur wenig Kinder überhaupt zur Verfügung. Die meisten Kinder seien entwicklungsgestört oder gehemmt. Man könne auch kaum damit rechnen, ein kleines Kind zu bekommen, sondern es handele sich meist um größere, die Adoptiveltern brauchten. Man hat also schwärzer gemalt, als es nötig war; ich vermute, daß man Leute, die noch unsicher waren, eher abschrecken wollte. Jetzt war alles viel unkomplizierter. Die von der Jugendhilfe sehen sich die Eltern ja sehr genau an, bevor sie entscheiden: Dieses Paar ist zu alt für ein kleines Kind, jenem kann man ein Baby geben, wieder anderen könnte man am besten zu einem Geschwisterkind raten. Also das wird alles sehr genau und verantwortungsvoll geprüft, das muß ich schon sagen. Nachdem man also die Adoption beantragt hat, muß man eine Beurteilung vom Betrieb beibringen, die wiederum einer genauen Prüfung unterzogen wird. Und dann war es endlich so weit: An einem Dienstag im Juni 1990 erhielt ich im Betrieb einen Anruf, ich solle umgehend ins Krankenhaus Lichtenberg gehen, dort läge ein Kind für uns bereit. Na, wir sind sofort hin. Die Mutter, erfuhren wir, sei Arbeiterin, eine einfache Frau, aber in Ordnung. Sie sei geschieden, jetztalleinstehend, habe schon ein größeres Kind. Der Vater des Babys sei ein Kubaner, die Beziehung sei aber bereits wieder auseinandergegangen. Das Baby war drei Wochen alt. Die Mutter mußte die drei Wochen verstreichen lassen, um dann noch einmal ihr Einverständnis zur Adoption zu erklären. Wir konnten das Kind nicht gleich mitnehmen, weil wir gerade unsere Wohnung gemalert haben. Auch mußten wir noch Sachen für das Kind besorgen, kurz vor der Währungsreform, als es praktisch nichts mehr gab. Also es gab viel Rennerei – trotzdem war es eine schöne Zeit für uns. Dann, an einem Sonntag, holten wir endlich unser Kind nach Hause. Drei Tage später mußten wir nochmal zur Jugendhilfe, um uns und das Kind vorzustellen und uns bestätigen zu lassen, daß alles in Ordnung war, also Gewicht, Größe des Kindes und sein Gesundheitszustand. Wir hatten uns eigentlich vorgenommen, das Kind an seinem ersten Geburtstag zu adoptieren, aber das schafften wir nicht, es kam die rechtlose Zeit, keiner wußte so richtig, wie es weitergeht. Erst vor ein paar Tagen hat man uns mitgeteilt, welche Schritte wir jetzt unternehmen müssen. Also die Mutter muß noch einmal vor einem Notar ihr Einverständnis erklären (Kostenpunkt achtzig DM). Wir müssen ebenfalls beim Notar nochmals den Antrag stellen. Dazu müssen wir vorher ein polizeiliches Führungszeugnis einholen und uns von einem Amtsarzt bescheinigen lassen, daß wir körperlich und geistig fähig sind, ein Kind großzuziehen. Danach wird eine Gerichtsverhandlung festgesetzt, bei der wir aber nicht gehört werden. Denn weil wir das Kind nur in Pflegschaft haben, in ›Bestallung‹, wie es neuerdings im schönen Amtsdeutsch heißt, können wir es nicht vor Gericht vertreten. Wer die Gerichtskosten trägt, konnten wir noch nicht in Erfahrung bringen. Aber alle anderen Kosten, die für den Notar, die Polizei und den Amtsarzt, müssen wir selber tragen. Auch das Standesamt, bei dem wir die Namensänderung eintragen lassen, wird Gebühren erheben. Früher war das alles einfacher, da war eine Adoption nach längstens einem Jahr abgeschlossen. Ein Vormundschafts-Ausschuß, oder wie sich der nannte, hat die Adoption rechtskräftig vollzogen, die natürlich auch für alle Beteiligten kostenlos war. Jetzt müssen wir wahrscheinlich auch das Kind noch vom Amtsarzt untersuchen lassen. Alles kostet Geld, womit wir eigentlich nicht gerechnet hatten. Aber um nichts auf der Welt möchten wir unseren Entschluß rückgängig machen und unser Kind wieder hergeben, auf das wir so lange haben warten müssen.«

Elke und Heiko aus den alten Bundesländern werden sich, falls sie diese Zeilen jemals zu Gesicht bekommen, ob der letzten Bemerkung von Frau Z. verwundert die Augen reiben: Das nennt die Frau »lange«, wenn sie schon nach anderthalb Jahren ihr Kind adoptieren konnte? Das Paar steht bereits seit sechs Jahren auf der Warteliste. In diesen sechs Jahren hat das Jugendamt von beiden eine Akte »erstellt«, in der »bis hin zu unseren Schlafzimmer-Gewohnheiten alles niedergelegt ist. Wir sind ein gläsernes Paar geworden, ganz freiwillig und ohne jeden Gedanken an Datenschutz«, sagt der Mann bitter.

Dabei wollten die zwei nichts anderes als das, was im allgemeinen neun von zehn Ehepaaren sich vom Leben erhoffen: Sie wollten Eltern werden. Und da Elke kein eigenes Kind bekommen kann, hatten sie sich entschlossen, ein Kind zu adoptieren und hatten dies auch vor dem Jugendamt kundgetan; das war im September 1985.

Seitdem warten die beiden vergeblich Jahr für Jahr, daß sich ihr Wunsch erfüllen möge. Sie wären geradezu »ideale Eltern«, wie ihnen inzwischen auch vom Jugendamt bescheinigt wurde. Elke ist Lehrerin an einer Behinderten-Schule und Heiko promovierter Soziologe. Sie haben ein sicheres Einkommen, bewohnen ein Eigenheim im Grünen, und beiden gelten Ehe und Familie, dem Zeitgeist eher zuwider, als Voraussetzung zum Lebensglück. Seit zwölf Jahren sind sie verheiratet, leben miteinander in Harmonie, und es fehlt ihnen zum vollkommenen Glück nur noch eins: ein Kind, das ihnen jedoch, nach Aussage verschiedener Ärzte, die sie im Laufe von zehn Jahren konsultiert haben, auf natürlichem Wege versagt bleiben wird, da Elkes Unfruchtbarkeit inoperabel ist. Daß sie nun seit Jahren auf der Warteliste für ein Adoptionskind stehen, ist für beide unerträglich und auch kaum zu begreifen, wenn man weiß, daß es in diesem Land jedes Jahr 280000 Abtreibungen gibt, während gleichzeitig Hunderttausende von Ehepaaren gern ein Kind an Kindes Statt zu sich nähmen. »Wer adoptieren will«, schreibt Ulrike Zielke in ihrem bemerkenswerten Bericht über das schwierige Verfahren bei Adoptionen (»Morgen-Magazin« vom 11./12. Mai 1991), »muß einen langen Atem haben. Die Wartefristen können schon mal sechs bis acht Jahre betragen.«

Warum das so ist, bleibt unerfindlich. Auch in Bonn sei schon vor drei Jahren aufgefallen, berichtet Ulrike Zielke, daß sich das Mißverhältnis zwischen Adoptionsbewerbern und zur Adoption freigegebenen Kindern zu Lasten der kinderlosen Bewerber noch vergrößert hat. Geändert habe sich seitdem nur so viel, daß die Wartelisten in den Jugendämtern noch länger, die Zahl der Kinder in Heimen oder in Familienpflege noch höher wurden. So seien gegenwärtig in den Wartelisten der rund 600 offiziellen Vermittlungsstellen (Jugendämter, Einrichtungen des Diakonischen Werkes, der Caritas und der Hilfsorganisation »terre des hommes«) mehr als 260000 Bewerber verzeichnet; aber kaum 7000 Kinder dürften zur selben Zeit auf neue Eltern hoffen. Die Quote der von Familiengerichten abgesegneten Adoptionen liegt angeblich bei gut 20000 Fällen pro Jahr, wozu aber auch jene etwa 12000 gehören, in denen Ehemänner die »angeheirateten Kinder« ihrer Partnerin adoptiert haben. Auch der Adoptionsbericht der Bundesregierung vom Juli 1984 spricht nur von 70000 Kindern, die seit 1970 adoptiert wurden. Die Betroffenen, also die adoptionswilligen Eltern, halten alle diese Statistiken für geschönt. Ihrer Erfahrung nach zögern die Jugendämter ihre Zustimmung zur Adoption hinaus, so daß am Ende Kinder in Heimen verbleiben, die von ihren leiblichen Eltern längst zur Adoption freigegeben wurden oder die als Vollwaisen in staatlicher Fürsorge stehen. Das dauere mitunter so lange, bis die Kinder in einem Alter wären, in dem sie für die Antragsteller nicht mehr so anziehend seien, denn die meisten Bewerber wünschten sich ein Baby oder ein Kleinkind bis zu drei Jahren.

Elke und Heiko bilden darin eine Ausnahme; sie wünschten sich ein Kind bis zu zwölf Jahren, und es war ihnen egal, ob es ein Junge oder ein Mädchen ist. Sie wollten sogar ein behindertes Kind zu sich nehmen. Doch nach Aussage des Sachbearbeiters bestand auch dazu kaum Aussicht. »Wir fanden das äußerst merkwürdig«, sagte Heiko. »Denn es heißt doch immer, ältere oder gar behinderte Kinder hätten keinerlei Vermittlungschancen. Langsam hegen wir den Verdacht, daß es sich das Jugendamt leicht machen möchte.«

Die enorme Nachfrage nach Kindern und das begrenzte Angebot seitens der Jugendämter hat in den alten Bundesländern leider schon einen regelrechten »Kindermarkt« entstehen lassen. Clevere Geschäftemacher vom Range eines Grafen Adelmann von Adelmannsfelden haben sich das Dilemma zunutze gemacht und Adoptionskinder unterschiedlicher Herkunft, Hautfarbe und Geschlecht zu Markenartikeln erhoben, deren Erwerb sie sich teuer bezahlen lassen. Sicher ist solch Handel mit Kindern verwerflich. Aber wer will es Eheleuten, die viele Jahre vergeblich auf ein Kind gehofft haben, verdenken, wenn sie zuletzt, überdrüssig des Wartens, die Hilfe von Vermittlern und Schleppern in Anspruch nehmen? Auch Elke und Heiko haben inzwischen resigniert und tief in die Tasche gegriffen, um ein Kind aus Peru zu »erstehen«, das ansonsten, nach Aussage des Vermittlers, unweigerlich verhungert wäre – ein Argument, mit dem das Ehepaar sein schlechtes Gewissen zu besänftigen sucht. Denn sie sind sich des Ungesetzlichen ihres Tuns wohl bewußt. Aber was blieb ihnen anderes übrig? Sie wollten ein Kind, das ihnen das Jugendamt sicher erst gegeben hätte, wenn sie bereits im reifen Alter eines Großvaters oder einer Großmutter wären.

Nun aber konnte die damals siebenjährige Alejandra aus Peru 1990 schon die erste Weihnacht in Deutschland verleben. Zusammen mit Eltern, von deren liebevoller Fürsorge sie sich umgeben weiß.

Zwei Mütter, zwei Väter ...

Das Referat Jugendhilfe in Berlin-Mitte – das heutige Jugendamt – verfügte bis zur Wende über neun JugendfürsorgerInnen, denen hundert ehrenamtliche JugendhelferInnen zur Seite standen. Und selbst diese Zahl reichte bei weitem nicht aus, da allein in Mitte 1675 (oder 2500 in Prenzlauer Berg oder 1130 in Lichtenberg) Kinder und Jugendliche, die durch Fehlverhalten auffällig geworden waren, betreut werden mußten. So suchte man ständig weiter nach geeigneten JugendhelferInnen; sie sollten moralisch einwandfrei sein, Lebenserfahrung und Menschenkenntnis besitzen und nach Möglichkeit auch über pädagogische Fähigkeiten verfügen.

Die JugendhelferInnen, die zu Kommissionen zusammengefaßt wurden, waren für die Lösung bestimmter Aufgaben der Jugendhilfe vollverantwortlich und durften auch selbständig mit den ratsuchenden Bürgern Aussprachen führen. Natürlich war das ein langer Prozeß, der nicht von heute auf morgen zu verwirklichen war. Zu Anfang waren auch die Fachleute skeptisch. Konnte man Laien überhaupt zumuten, sich mit einem Aufgabengebiet zu befassen, das sonst von ausgebildeten Fachkräften bearbeitet wurde? Und wie kam man an die geeigneten Menschen heran, denen die Arbeit mit den Jugendlichen, und noch dazu mit Problemfällen, am Herzen lag? Und wie fanden diese Menschen zur Jugendhilfe?

Frau Behrend ist eine Frau in den mittleren Jahren, von Beruf Mantelnäherin; sie arbeitete zu Hause, lieferte Woche für Woche ihr gutes Quantum ab, hatte wie nebenbei ihre zwei Kinder großgezogen, die nun selber schon Kinder hatten. Frau Behrend litt also keineswegs unter Langeweile. Da Tochter wie Schwiegertochter berufstätig waren, gab es immer eins ihrer fünf Enkelkinder, das ihrer Hilfe bedurfte, das unpäßlich war, leichtes Fieber hatte, das Bett hüten mußte – und was lag dann näher, als daß die Oma her mußte, die ja »sowieso zu Hause« war?

Frau Behrend war also rundherum ausgelastet. Trotzdem lud sie noch des Sonntags ein Mädchen aus dem Heim zu sich ein, ihr Patenkind, um das sie sich schon seit Jahren kümmerte und dem sie wenigstens an den Wochenenden die anheimelnde Atmosphäre eines Elternhauses zu ersetzen suchte. Und eines Tages bemerkte sie, daß die kinderreiche Familie, die über ihr wohnte, von einer ihr bekannten Jugendfürsorgerin besucht wurde. Als sich die Besuche wiederholten, faßte sie sich ein Herz, paßte die Bekannte auf der Treppe ab und gestand ihr, daß sie sich gleichfalls für diese Tätigkeit interessieren würde. Also wenn man sie brauchte, ihr vielleicht irgendwelche Hausbesuche übertragen wollte …

Die Jugendfürsorgerin war sehr erfreut, aber es vergingen noch mehrere Wochen, bis sie auf den

Wunsch von Frau Behrend zurückkam und sie als Jugendhelferin »warb«. Und wenige Tage später erhielt sie die Adresse einer Familie, die sie doch mal aufsuchen solle: Nachbarn hätten den Verdacht geäußert, daß das Kind mißhandelt würde. Frau Behrend »kümmerte« sich so intensiv, daß sie das mißhandelte Kind, das von seiner Pflegemutter hart geschlagen worden war, sofort mit nach Hause nahm und drei Tage bei sich behielt, bis es ihr gelungen war, einen Heimplatz für das Kind zu finden. Und seit damals hat die Verantwortung und Sorge um entwicklungsgefährdete oder fehlgeleitete Kinder sie niemals mehr losgelassen.

Ein Einzel-, ein Vorzeigefall? Ich glaube nicht. Gesellschaftliche Arbeit wurde in der DDR sehr hoch geschätzt und von den meisten auch, je nach ihren Fähigkeiten, auf irgendeine Weise geleistet. Nun mögen Mißliebige einwenden, es gehörte zum Spitzelsystem, daß sich der eine um den anderen zu kümmern hatte. Aber hatte dieses Sich-Kümmern nicht auch positive Aspekte? Der Mann oder die Frau, die jetzt bei uns arbeitslos werden, beklagen nicht nur den Verlust ihres Arbeitsplatzes und damit der materiellen Existenz, sondern sie vermissen auch den Zusammenhalt mit den Kollegen, mit den Mitgliedern der ehemaligen Brigade, der sie angehörten. Plötzlich fühlen sie sich allein und im Stich gelassen, als hätten sie den Boden unter den Füßen verloren. Und manche von uns, die nach »drüben« gingen und dort sogar »festen Fuß« gefaßt haben, klagen über das unpersönliche Klima in den Firmen, wo unter den Mitarbeitern eine strenge

Rangordnung herrscht, und wo sich schon jemand mißliebig macht, der sich bei seinem Vorgesetzten freundlich danach erkundigt, ob er verheiratet sei und Kinder habe. Das gehört zu der Privatsphäre, daran rührt man nicht.

Doch zurück zu den JungendhelferInnen. Frau Behrend, die inzwischen zur Vorsitzenden einer Jugendhilfe-Kommission aufgerückt war, erzählte mir ihren ersten »Fall«, den sie sofort selbständig hatte entscheiden müssen, da die zuständige Fürsorgerin gerade im Urlaub war. Die Mutter der 14jährigen Rosemarie hatte für ihre Tochter, die sie während ihres Krankenhaus-Aufenthaltes nicht allein lassen wollte, einen Heimplatz beantragt. Frau Behrend wandte sich an den Vater (die Eltern waren geschieden) und beschwor ihn, das Mädchen während der Abwesenheit der Mutter bei sich aufzunehmen. Nach langem Zureden erklärte er sich schließlich bereit. Leider hatte ihm Rosemarie sein Entgegenkommen schlecht gedankt: Sie riß ein paarmal aus, um in der Wohnung der Mutter »Partys« zu arrangieren. Auch sonst hätte ihr das Mädchen viele Sorgen bereitet. Sie schien sich aber langsam gefangen zu haben, absolvierte die 10. Klasse und begann eine Lehre als Geflügelzüchterin. »Das sind so Lichtblicke in unserer Arbeit«, sagte Frau Behrend. »Jungen oder Mädchen, bei denen unsere Bemühungen doch nicht erfolglos waren ...«

In der nächsten Sitzung der Kommission, zu der mich Frau Behrend eingeladen hatte, sollte über den 12jährigen Michael K. verhandelt werden, für den von der Schule ein Antrag auf Heimeinweisung eingebracht worden war. Die Klassenleiterin und der Schuldirektor waren zu der Verhandlung erschienen. Auch Michaels Vater war da – seine Mutter nicht. Sie hatte trotz der Schwierigkeiten mit Michael eine Reise angetreten und wollte anschließend zur Kur, so daß sie fast zwei Monate von zu Hause fern sein würde. Käme er denn allein zurecht?, fragte die Vorsitzende den Vater des Jungen, einen hochaufgeschossenen, schmalbrüstigen Druckereiarbeiter. Der Mann stammelte eine Antwort, die kaum jemand verstand. Er hatte Sprachhemmungen, und man brauchte geraume Zeit, um sich auf seine Sprechweise einzustellen. Er begreife gar nicht, wie es zu dem Antrag der Schule habe kommen können, murmelte er undeutlich. Die Vertreter der Schule wurden gehört. Beide hatten sich offenbar gründlich vorbereitet und brachten eine Flut von Anklagen vor: Michael sei frech, faul, aufsässig, seine Eltern seien nicht fähig, ihn zu erziehen, der Vater sei zu nachsichtig, die Mutter viel krank. Die schwerste Anklage hatte sich der Direktor bis zuletzt aufgehoben: Michael sei kürzlich dabei erwischt worden, wie er spätabends noch in den Keller der Schule habe einbrechen wollen! – »Warum erfahre ich das erst jetzt?« fragte der Vater erregt. Allerdings mußte er sich gleich darauf sagen lassen, daß der Leiter der Schule ihn ja zu einer Unterredung geladen hatte, daß er aber, wie üblich, nicht erschienen war. »Es ist ja nicht das erste Mal«, sagte der Schuldirektor, »daß Sie uns ignorieren …« – Er könne nicht wegen »jedem Firlefanz« seine Arbeit schwänzen, verteidigte sich der Vater. – Jedem der

Anwesenden war nach diesem Disput klar, daß zwischen den beiden eine Antipathie bestand, die nicht erst ab heute datierte. Und wie war es mit Michael? – Sein angeblicher Einbruch stellte sich nach geschickten Fragen von Frau Behrend nur allzubald als völlig harmlos heraus: Ein paar Jungen, darunter auch er, hatten an dem bewußten Abend vor dem Schulgebäude Fußball gespielt, und der Ball war in den Keller gerollt. Michael war durchs Fenster eingestiegen, um den Ball zu holen; jeder andere sportgewandte Junge hätte das wahrscheinlich auch getan. Und seine sonstigen Vergehen? War er wirklich so schwer erziehbar, wie die Vertreter der Schule es uns gern einreden wollten? Frau Behrend hatte ihre Erfahrungen. Immer wieder geschah es, daß einige Schulen versuchten, unbequeme Kinder einfach »abzuschieben«. Ob der Wunsch, einen schwierigen Schüler loszuwerden, nicht auch hier bei dem eingebrachten Antrag Pate gestanden hatte? Sie war nicht die einzige, die diesen Verdacht hegte; eine der JugendhelferInnen sprach ihn unverblümt aus. Es sei nicht die Aufgabe der Schule, sagte sie, schwierige Kinder einfach »abzuschieben«, sondern sie sollte sich dieser Kinder besonders annehmen, da sie eine viel subtilere Behandlung erforderten als ein Durchschnittskind. Sie sei gegen eine Heimeinweisung, sagte sie abschließend. Aber man wollte gemeinsam beraten, wie Michael, auch wenn er im Elternhaus verbleibe, zu bessern sei. Unbedingt müsse er sich in der Schule disziplinierter benehmen.

Das sagte Frau Behrend auch dem Jungen selbst.

Sie hatte ihn hereinrufen lassen, und er stand, ein rothaariges Bürschchen mit Sommersprossen, klein und verschüchtert, dem fünfzehnköpfigen Gremium gegenüber – seine Lage war nicht beneidenswert. Aber nachdem er die erste Scheu überwunden hatte, antwortete er freimütig auf alle Fragen. Er schien ehrlich zerknirscht zu sein, und er gelobte Besserung, was er feierlich durch Handschlag bekräftigte. Wir mußten lächeln. Dieses Kind, dachten wir, wäre mit etwas mehr Liebe und Verständnis sicher leicht zu lenken gewesen. Aber an diesem Verständnis hatte es bisher gefehlt.

Die Kommission beschloß, von einer Heimeinweisung zunächst abzusehen. Dagegen wurde der Vater verpflichtet, an den arbeitsfreien Sonnabenden in Michaels Klasse zu hospitieren, um einen besseren Kontakt zur Schule herzustellen. Gerade das halte sie für sehr wichtig, sagte Frau Behrend später zu mir. Die Verhandlung hätte deutlich gezeigt, wie gespannt das Verhältnis des Vaters zur Schule war – und umgekehrt. Ehe diese Spannungen nicht abgebaut würden, bestünde immer die Gefahr, daß Michael zwischen den beiden feindlichen Parteien zerrieben würde. Gerade in seinem Interesse müßte die Atmosphäre endlich bereinigt werden. »Haben Sie gesehen, mit was für einem langen Gesicht der Schuldirektor wieder abzog?« fragte sie. »Statt den Jungen loszuwerden, hat er nun auch noch den Vater auf dem Hals. Das wird eine harte Nuß für ihn, denn auch unsere Jugendhelferin bleibt natürlich dran an der Sache.«

Die Kommission habe sehr richtig entschieden, bestätigte mir die zuständige Jugendfürsorgerin. »Wir erleben es leider öfter«, sagte sie, »daß Schulen sich von egoistischen Motiven leiten lassen und unbequeme Kinder wie einen Schwarzen Peter jemand anders zuschieben wollen. Die Lehrerin hat es natürlich leichter, wenn in ihrer Klasse nur brave und fleißige Schüler sind. Aber wo gibt es denn das, daß man sich die Arbeit so bequem machen kann? Wir von der Jugendhilfe«, erzählte sie weiter, »streben zum Beispiel auch an, daß jedes Heimkind nach seiner Entlassung wieder an die ehemalige Schule zurückkommt. Doch auch da stoßen wir oft auf Widerstand. Das Heimkind, sagen sie sich, hat uns früher erhebliche Schwierigkeiten bereitet, es kann womöglich wieder Unruhe in die Klasse bringen – lassen wir lieber die Finger davon. Aber solche Auffassungen dürfen wir nicht durchgehen lassen, geschweige denn unterstützen.«

Doch es gäbe auch Beispiele, erzählte sie, wo sich die Schulen bereits als »Helfer der Jugendhilfe« bewährten. Da fänden alle vier bis sechs Wochen Beratungen statt, in denen unter Hinzuziehung einer JugendfürsorgerIn Maßnahmen gegenüber »auffälligen« Kindern festgelegt würden, um Fehlentwicklungen so früh wie möglich entgegenzuwirken. Auch Betriebe schalteten sich oft helfend ein. So war im Kabelwerk Oberspree einem Lehrmeister aufgefallen, daß sein Lehrling Bärbel S. oft müde und verhärmt aussah und offenbar unter Depressionen litt. Er verständigte die Fürsorgerin des Betriebes, die ihrerseits, nachdem sie Recherchen angestellt hatte, das Referat Jugendhilfe über das Ergebnis informierte. »Ich habe festgestellt«, schrieb sie, »daß Bärbels Mutter nur unregelmäßig arbeitet und zeitweise ohne Arbeitsverdienst ist, so daß sie und ihre Tochter nur von dem Lehrlingsgeld leben müssen. Bärbel hat oft tagelang nichts zu essen bekommen; häufig wurde ihr erst abends durch Hausbewohner die erste Nahrung angeboten.« Die Fürsorgerin organisierte nun eine Zusammenkunft, an der außer Bärbel und ihrer Mutter auch der Lehrmeister teilnahm, und gemeinsam wurde beschlossen, daß Bärbels Mutter sich einer Behandlung in einer Nervenklinik unterziehen müsse. Bärbel sollte während dieser Zeit eine Lehrlingsbeihilfe erhalten, um sie in die Lage zu versetzen, ihre Lehre erfolgreich abzuschließen. Beispiele ähnlicher Art gäbe es Dutzende, wurde mir erklärt.

In den nächsten Tagen besuchte ich eine Jugendhelferin, deren Namen man mir lobend genannt hatte. Dieser Frau, die in einer kleinen Gemeinde nahe bei Leipzig wohnte, ging ein seltsamer Ruf voraus: Es hieß von ihr, daß sie seit ihrer Tätigkeit als Vorsitzende der Kommission noch kein einziges Kind in ein Heim eingewiesen hätte! Ob ihr Ort solch eine Mustergemeinde sei?, fragte ich sie. Natürlich war die Frage nicht ernst gemeint, denn ich wußte, daß es unter den 2000 Einwohnern dieser Gemeinde viele »Zugezogene« gab, junge Leute zumeist, die von der Nähe Leipzigs oder von der benachbarten Kohlengrube angelockt worden waren. Geld wurde hier rasch verdient, und genau so rasch, oft übereilt, wurden Ehen geschlossen, die nach kurzer Zeit wieder geschieden wurden. Wenn dann, wie es kürzlich geschehen war, dem Ehemann die

Wohnung, der Frau aber die beiden Kinder zugesprochen wurden, mußte sich die Jugendhilfe-Kommission einschalten, um der Mutter zu ihrem Recht zu verhelfen.

Aber es gab in dem Ort auch erziehungsgefährdete, vernachlässigte Mädchen und Jungen. Sicher, oft wäre es für die Kommission das einfachste, pflichtvergessenen Eltern das Erziehungsrecht abzusprechen, indem sie eine entsprechende Klage beim Gericht einreichte. Aber diese Frau machte es sich eben nicht einfach. Lieber ging sie unzählige Male zu den Eltern, diskutierte mit ihnen, beriet sie, oder sie mobilisierte auch mal, wo es not tat, die Hilfe anderer, ehe sie das Problem mit einem Federstrich aus der Welt schaffte, indem sie das Kind in ein Heim einwies. »Ich bin selbst in einem Heim aufgewachsen«, erzählte sie mir, »und ich weiß, wie es ist, wenn man sich nach einem Elternhaus sehnt.«

Von einer anderen Sitzung einer Jugendhilfe-Kommission, an der ich teilnahm, möchte ich noch berichten, weil sie mir als besonders beeindruckend im Gedächtnis geblieben ist. Über zwei Fälle wurde an jenem Tage verhandelt, und beide Male ging es um das leidige Kreidekreis-Thema.

Für den neunjährigen Manfred sollte Familienerziehung angeordnet werden. Der Junge war außerehelich geboren und wurde von der Mutter sofort in ein Heim gegeben. Erst als sie heiratete, nahm sie ihn bei sich auf. Aber in der Ehe gab es viele heftige und sogar tätliche Auseinandersetzungen, unter denen auch

Manfred litt; er wurde oft geschlagen. Als dann die Ehe auseinanderging, wurde der Junge bei einer fremden Familie in Pflege gegeben. Die Pflegeeltern wechselten rasch, da die Mutter den Unterhalt immer nur schleppend zahlte. Nach mehrfachem Milieuwechsel kam Manfred endlich zu einer Frau Boss, bei der er heute noch ist und wo er offenbar ein wirkliches Zuhause gefunden hat. Frau Boss war es, die sich um Manfreds Einschulung gekümmert hatte und die auch ständig mit ihm lesen und schreiben übte, da er ein sehr schwacher Schüler war. Die Mutter nahm an alledem so gut wie keinen Anteil. Nicht einmal zu Weihnachten fand sie Zeit für ihr Kind; ihr Interesse galt allein ihren ständig wechselnden Männerbekanntschaften. Sie sorgte weder für Manfreds Kleidung noch für seinen Unterhalt, lehnte es jedoch grundsätzlich ab, sich von ihrem Jungen zu trennen. Da sie sehr launisch war, mußte Frau Boss darauf gefaßt sein, daß sie ihr Manfred eines Tages wieder wegnahm. Dieser Unsicherheit sollte daher – vor allem auch im Interesse des Jungen, den man nicht der Willkür seiner Mutter aussetzen durfte – durch eine staatliche Maßnahme ein Ende gemacht werden.

Frau H., 31, die Mutter des Jungen, wirkte äußerlich nicht unsympathisch. Doch sowie sie den Mund auftat, wußte man, wes Geistes Kind sie war; die bescheidene Frau Boss wurde völlig von ihr beherrscht. Ein Bericht des Betriebes, in dem Frau H. arbeitet, lag vor. Danach sei sie »eine fleißige Arbeiterin, sei freundlich und gutmütig zu jedermann, komme stets pünktlich ihrer Arbeit nach«. Über ihr Verhältnis zu ihrem Kind war man im Betrieb nicht informiert. Sie erhalte jeden Monat den staatlichen Kinderzuschlag …

Der stehe ihr doch gar nicht zu, ruft eine der Anwesenden dazwischen. Das Kind würde ja von Frau Boss beköstigt – sie hätte den Kinderzuschlag erhalten müssen. »Wieviel Unterhalt haben Sie denn an Frau Boss bezahlt?« will man wissen.

Sie bekomme fünfzig Mark, erwidert die Mutter kurz.

Die JugendfürsorgerIn blätterte in ihren Akten. Die fünfzig Mark zahle der Kindesvater, erläuterte sie schließlich. Aber wieviel zahle Frau H. selbst? Sie wisse doch, daß sie als Mutter des Kindes ebenfalls zur Unterhaltszahlung verpflichtet sei?

Jetzt riß Frau H. die Geduld. »Sagen Sie doch gleich, daß Sie mir den Jungen wegnehmen wollen!« brauste sie auf. »Darauf läuft doch alles hinaus. Ich komme mir vor wie ein Schwerverbrecher.« Und nach einer Pause fügte sie ruhiger hinzu: »Wir sind uns doch einig, Frau Boss und ich …«

Frau Boss saß indessen eingeschüchtert im Hintergrund und blickte von einem zum anderen. Nur mit Mühe raffte sie sich auf, um auch ihren Standpunkt darzulegen. Gewiß müßte sie Unterhalt von der Mutter erhalten, gab sie zögernd zu. Gewiß wäre es ihr lieber, wenn eine gesetzliche Maßnahme getroffen würde. Manfred könnte endlich zur Ruhe kommen …

Im Grunde ging es auch in dieser Verhandlung um die uralte Frage: Wer ist dem Jungen die wahre Mutter? Ist es Frau H., die so lauthals auf ihre Rechte als Mutter pocht, der der Junge aber herzlich gleichgültig war, oder war es die stille, zurückhaltende Frau Boss, die gerade erzählte, daß sie in der Volkshochschule einen Kursus belegt habe, um Manfred bei seinen Schularbeiten besser helfen zu können? Auch Frau Boss war noch jung; sie hatte ein Recht auf eigene Kinder oder darauf, ihre Erfüllung als Frau zu finden. Doch sie hatte sich auf diesen Jungen eingestellt, den sie von Geburt an kannte, und dem sie mütterlich zugetan war.

Die Entscheidung der hier Versammelten fiel nicht schwer. Es wurde Familienerziehung angeordnet. Frau Boss wurde somit die Pflege für Manfred übertragen, und die Mutter würde ihr künftig siebzig Mark Unterhalt zahlen müssen, zusätzlich zu dem staatlichen Kindergeld.

Von Frau H. erwartete man, daß sie innerhalb von zwei Jahren alle Voraussetzungen schaffe, damit Manfred in ihren Haushalt zurückkehren könne. Andernfalls würde man Klage auf Entzug des Erziehungsrechtes erheben.

Die Beratung hatte nahezu zwei Stunden gedauert, und es war nicht der einzige Punkt, der heute auf der Tagesordnung stand. Der zweite Sachverhalt war sehr diffizil. Es ging um drei Kinder aus einer geschiedenen Ehe. Kindern von geschiedenen Eltern, sagte die JugendfürsorgerIn einleitend, hafte immer eine gewisse Tragik an. Plötzlich hätten sie, wie in diesem Fall, zwei Väter. Welcher von beiden sei der bessere? Sensible Kinder würden bei dieser Fragestellung oft in Konflikte gestürzt, mit denen sie allein nicht fertig würden. Worum ging es konkret? Die Ehe R., die mehr als zehn Jahre bestanden hatte, war durch Verschulden des Ehemannes, wie er selber zugab, zerrüttet und mußte geschieden werden. Die Mutter erhielt für die Kinder das Sorgerecht. Bis Anfang des Jahres verlief der Umgang des Vaters mit den Kindern reibungslos. Dann heiratete die Frau zum zweiten Mal, und plötzlich weigerte sie sich, die Kinder weiterhin zu ihrem geschiedenen Mann zu schicken. Sie hatte beim Referat Jugendhilfe einen Antrag gestellt, das Umgangsrecht auszusetzen, und hierüber mußte nun laut Gesetz beraten werden.

Die Atmosphäre war von Anfang an fast unerträglich gespannt, obwohl die Frau, nach den Gründen zu ihrem Antrag befragt, sich offensichtlich bemühte, eine möglichst sachliche Darstellung der augenblicklichen Situation zu geben. Was sie vorbringt, ist fast das Übliche: Der Vater, der seine Kinder nur noch einmal im Monat sehe, setze alles daran, um diese Zusammenkunft zu einem Fest zu gestalten. Er unternehme mit den Kindern weite Ausflüge, überfordere sie, überhäufe sie mit Geschenken! Sie selbst habe nach jedem Besuch ihre liebe Not, die Kinder wieder ins rechte Gleis zu bringen. Auch die Harmonie in ihrer neuen Ehe leide darunter.

Der Vater der Kinder, aufgefordert, nun auch seine Meinung zu äußern, machte eine hilflose Gebärde. Er verstehe das alles nicht. Gewiß sei er mit den Kindern ins Grüne gegangen, sie hätten auch Radtouren unternommen. Er habe in X, wohin er nach der Scheidung übersiedelt sei, noch keine Wohnung bekommen, habe nur ein Leerzimmer – da sei es doch besser, sich mit den Kindern draußen in der Natur aufzuhalten. Bisher habe seine geschiedene Frau daran keinen Anstoß genommen. Geschenke? Die seien nicht der Rede wert. Es sei doch solange alles gut gegangen, wiederholte er mit der Beharrlichkeit eines Kindes, das sich zu Unrecht gemaßregelt glaubt. Er hänge sehr an seinen Kindern, fügte er leiser hinzu.

Und die Kinder selbst? Sie waren noch zu klein, um hier gehört zu werden. Aber die gleichfalls anwesende Kindergärtnerin hatte Gelegenheit, die Kinder zu beobachten, wenn sie von einem Besuch beim Vater kamen. Auch die JugendfürsorgerIn hatte mehrmals mit den Kindern gesprochen. Beide hatten übereinstimmend den Eindruck, daß Werner, der Älteste, ein sehr sensibler Junge, überhaupt nicht mehr zum Vater wollte. Dem robusteren Klaus war es egal. Die einzige, die wirklich gern zum Vater fuhr, war die sechsjährige Martina. Aber gerade sie, erfuhren wir zu unserer Überraschung, wollte die Mutter der Kinder überhaupt nicht mehr zum Vater schicken. Mit ihrer mühsam erzwungenen Ruhe war es jetzt vorbei, man spürte, daß sie nahe daran war, in Tränen auszubrechen. Endlich faßte sie sich soweit, daß es ihr gelang, weiterzusprechen. Der Vater vergöttere das Mädchen, erklärte sie; seine Liebe zu dem Kind sei geradezu unnatürlich. Einmal habe er bereits geäußert: wenn Martina erst zehn Jahre älter sei, könne er für nichts mehr garantieren! – Aber das sei doch Unsinn, widersprach der Mann. So was sage man so hin, das dürfe sie doch nicht wörtlich nehmen ... Es sei schon richtig, räumte er nach einer Weile ruhiger ein, das Kind sähe seiner bisherigen Frau sehr ähnlich, und seine Frau habe er einmal sehr geliebt ...

Allmählich, wie die Bruchstücke eines Mosaiks, schoben sich im weiteren Verlauf der Verhandlung die wirklichen Gründe, die zur Verschärfung der Situation geführt hatten, zu einem Bild zusammen: Ihr geschiedener Mann, sagte die Mutter der Kinder, versuche immer wieder, auf dem Umweg über die Kinder mit ihr in Verbindung zu kommen. Er überschütte sie mit Briefen, in denen er ihr Vorschriften wegen der Erziehung mache, unter allen möglichen Vorwänden versuche er, ein Rendezvous mit ihr zu erzwingen. Seine Nachstellungen seien ihr unerträglich, sie wolle endlich zur Ruhe kommen. Aus ihren Worten sprach ein Haß, wie ihn nur eine lange qualvolle Ehe mit immer neuen Enttäuschungen erzeugen kann. Aber der Mann, der Urheber ihrer Leiden alle die Jahre hindurch, liebte seine Frau auch heute noch. Und zwischen dem früheren und dem jetzigen Ehemann schwelte kaum zu verbergende Eifersucht.

Auch der zweite Ehemann wurde gehört. Er, der eine Frau mit drei Kindern geheiratet hatte, konnte der Sympathie aller Anwesenden sicher sein. Wie er sich denn in seine Vaterrolle eingelebt habe?, wurde er gefragt. – Er zögerte. Es sei nicht leicht gewesen zu Anfang, gab er zu. Nur allmählich habe er das Vertrauen der Kinder erringen können. Heute könnten sie alle zufrieden sein, wenn – ja, wenn die Kinder durch diese Vaterbesuche nicht immer wieder aus dem Gleichgewicht kämen. Auch seine Frau sei an solchen Tagen immer sehr nervös und gereizt. Er sei oft von der Arbeit gar nicht erst nach Hause gegangen. Er hasse Disharmonien, und er könne auch keinen Sinn darin sehen, die Kinder alle vier Wochen neu in Konflikte zu stürzen.

Es war klar: Er bangte um seinen Ehefrieden. Doch auf der anderen Seite war da der leibliche Vater, der ein Recht auf den Umgang mit seinen Kindern hatte. Er wolle sich in Zukunft bemühen, versicherte er, die Kinder nicht wieder zu überfordern. Zusammen mit einem Kollegen, der ihm seine Unterstützung zugesagt habe, werde er für die Besuchssonntage ein Programm entwerfen, das den Interessen der Kinder entspreche ... Jeder im Saal spürte, daß es ihm ernst mit seinen Vorsätzen war; nur die Mutter der Kinder blickte skeptisch. Sie war zu keinem Kompromiß bereit.

Konnte man es verantworten, fragte die Vorsitzende des Ausschusses, mit Rücksicht auf die neue Familie den Umgang auszusetzen? Oder bestand noch die Möglichkeit, die Konflikte soweit zurückzudrängen, daß die Erziehung der Kinder nicht gestört und ihre Entwicklung nicht gefährdet wurde? Sie wandte sich von neuem an den Vater der Kinder. Über eins müsse er sich klar sein, sagte sie, aus einem erzwungenen Umgang könne nie etwas werden. Auch müsse er aus seinen begangenen Fehlern die richtigen Schlußfolgerungen ziehen. Die Erziehung der Kinder, das müsse er einsehen, ging ihn nichts mehr an; es seien nicht mehr *seine* Kinder, sondern die Kinder seiner geschiedenen Frau. Er dürfe in der neuen Familie nicht als Störenfried wirken, sondern müsse die Beziehungen in dieser Familie, in der die Kinder aufwüchsen, festigen helfen.

Der Umgang wurde für die Dauer eines halben Jahres ausgesetzt. Während dieser Zeit sollten sich die geschiedenen Ehegatten bemühen, ihre Beziehungen zueinander auf einer vernünftigen Basis zu regeln – im Interesse der gemeinsamen Kinder. Für sie, sagte die Vorsitzende abschließend, sei die Verbindung zum leiblichen Vater doch wünschenswert; sie appelliere also nochmal an die geschiedenen Ehepartner, um eine Versachlichung ihrer Beziehungen bemüht zu sein und einander mehr Vertrauen entgegenzubringen.

Die Verhandlung war geschlossen, die Mitglieder des Jugendhilfeausschusses packten ihre Utensilien zusammen. Sie schienen erschöpft, aber doch seltsam angeregt. Hatten sie richtig entschieden? Oder hatten sie das Problem nur vor sich hergeschoben? Was würde sich nach Ablauf der Frist bei dem geschiedenen Ehepaar geändert haben? Würde nicht alles wieder von vorn beginnen?

Die Vorsitzende, der gegenüber ich meine Bedenken äußerte, gab sich gelassen. Herr R. habe kürzlich wieder geheiratet, erzählte sie mir; wahrscheinlich würden auch in der neuen Ehe wieder Kinder kommen. Dann werde er die älteren Kinder bald vergessen. Das sei alles schon dagewesen …

Sie sprach aus reicher Erfahrung. Im letzten Jahr vor der Wende hatte das Referat Jugendhilfe nach 600 Ehescheidungen über das Schicksal der Kinder entscheiden müssen. 240 Beratungen der Jugendhilfe-

Ausschüsse fanden statt. Für über 100 Minderjährige wurde die Heimerziehung angeordnet. Die Aufzählung ließe sich beliebig verlängern. Wer wollte es bei solchem Arbeitsanfall den Mitarbeitern der Jugendhilfe – und den ehrenamtlichen Helfern, die ihre Freizeit opferten – verübeln, wenn sie dem einzelnen gegenüber ein wenig Gleichmut zeigten? Sie wären Übermenschen, wenn es nicht so wäre.

Im übrigen sagte mir die Vorsitzende beim Abschied, gleichsam zum Trost: »Die Menschen ändern sich doch. Und es ist ja nicht so, daß wir nach dem Ende der Sitzung alles dem Selbstlauf überlassen. Wenn wir die gegebenen Bedingungen – hier die Verbindung zur Kindergärtnerin oder auch zu dem Kollegen des Kindesvaters – richtig nutzen, werden sich die Geschiedenen nach Ablauf des halben Jahres schon ganz anders verhalten. Das unterscheidet uns ja gerade von der Jugendhilfe anderer Länder: Wir können uns auf viele Kräfte stützen. Wir sind in unseren Bemühungen nicht allein.«

Auch die Verhandlung, von der ich hier berichtet habe, fand vor der Wende statt. Nach der Wende wurden die Jugendhilfe-Ausschüsse aufgelöst.

Die Clearing-Stelle

Der Berliner Senator für Jugend und Familie, Thomas Krüger, der, wie erwähnt, noch kürzlich in einem Ausschuß des Abgeordnetenhauses erklärt hatte, daß ihm politisch motivierte Zwangsadoptionen in der DDR nicht bekannt seien, mußte sich revidieren, als im Keller des Berolina-Hauses von einem seiner Mitarbeiter ein Aktenbündel gefunden wurde, das Unterlagen über eben solche Zwangsadoptionen enthielt. Der Senator ließ daraufhin sofort in Berlin-Kreuzberg eine Clearingstelle errichten, um »Betroffenen schnell und unbürokratisch helfen zu können«, und er appellierte an alle neuen Bundesländer, auch dort solche Anlaufstellen einzurichten, an die sich alle diejenigen wenden können, denen in der Vergangenheit bitteres Unrecht geschehen sei. Er bat weiterhin alle Mitarbeiter der Jugendhilfe in der ehemaligen DDR, die sich an solche Fälle erinnern könnten, dies der Berliner Clearingstelle mitzuteilen. Man müsse jetzt Licht in das Dunkel bringen, hieß es, und zu erfahren suchen, von wo die Weisungen kamen, die Eltern von ihren Kindern zu trennen.

Der Appell des Jugendsenators löste eine Lawine aus: In den nächsten Tagen und Wochen überboten sich die Presseorgane und das Fernsehen darin, über angeblich stattgefundene Zwangsadoptionen zu berichten. Von Kidnapping im großen Ausmaß war die Rede, von einer »hohen Dunkelziffer« oder sogar von »zehntausend Fällen«, so daß sich der Jugendsenator veranlaßt sah, in einer Pressekonferenz das auch von ihm zwei Wochen zuvor mitentfachte Spektakel um »Zwangsadoptionen aus politischen Gründen« wieder in ruhigere, angemessen sensiblere Bahnen zu lenken. Im Land Berlin, sagte er den Journalisten, bestehe bisher nur in sechs Fällen der dringende Verdacht, daß es zu politisch motiviertem Entzug des Erziehungsrechts und daraufhin erfolgter Freigabe zur Adoption gekommen sei. Und in der Clearingstelle, erklärte er, habe es in den ersten sieben Arbeitstagen rund fünfzig Anfragen Betroffener gegeben; die Tendenz sei nachlassend. In den meisten Fällen habe es sich um Adoptionen aus begründeten sozialen Umständen gehandelt. Zwölf Adoptierte, die inzwischen erwachsen seien, hofften, in der Clearingstelle Auskunft über ihre Herkunft zu erhalten, und zwei Adoptiv-Elternpaare hätten vorgesprochen, weil sie befürchteten, daß die leiblichen Eltern jetzt den Antrag stellen könnten, die Adoption rückgängig zu machen. Drei Elternpaaren, die politische Gründe für den Entzug ihres Erziehungsrechts anführten, wurde nachgewiesen, daß sie sich der Kindesmißhandlung beziehungsweise schwerer Vernachlässigung schuldig gemacht hätten.

Leiterin der Berliner Clearingstelle ist Frau Elke Kannenberg, die der Adoptionsstelle von Westberlin vorstand und in Kürze wohl die zentrale Adoptionsstelle von ganz Berlin leiten wird. »Stimmt es, Frau Kannenberg«, frage ich sie, »daß bei Ihnen hier, wie die Presse behauptet, die ›Drähte heißlaufen‹? Daß Sie sich vor Besuchern nicht retten können?« Die Befragte lächelte. Ja, vor Journalisten könne sie sich kaum retten, gibt sie zu. Sonst halte sich der Zustrom von Ratsuchenden in Grenzen. Sie habe Gespräche mit etwa zwanzig Müttern geführt, die als 18-, 19jährige in der DDR ins Gefängnis kamen, da sie als arbeitsscheu galten und wohl auch der Prostitution verdächtigt wurden. Das Kind, das sie zur Welt gebracht hatten und das meist unehelich war, kam ins Heim. Wenn diese jungen Frauen entlassen wurden, fanden sie sich wieder schlecht zurecht im Leben, zumal sie die schweren Erfahrungen im Frauengefängnis noch zu verarbeiten hatten. Erneut fielen sie unangenehm auf, weil sie nicht zur Arbeit gingen oder weil sie ihre Kinder vernachlässigten, für die ihnen letztendlich das Erziehungsrecht entzogen wurde. Frau Kannenberg hält den § 145 des Strafgesetzbuches der DDR, nach dem jene Frauen seinerzeit verurteilt wurden, für zu hart, ja unmenschlich, da es sich um sehr junge Menschen gehandelt habe, die man sicher auch durch mildere Maßnahmen positiv hätte beeinflussen können. Ich muß unwillkürlich wieder an meine ehemalige Freundin denken, die Jugendrichterin, die leider schon verstorben ist, mit der ich so oft über die Probleme fehlentwickelter Jugendlicher und über Wege zu ihrer Besserung diskutiert habe. »Wenn es nach mir ginge«, hatte Lisbeth Samain oft geäußert, »so würde ich alle Gefängnisse auflösen. Man müßte sie in große Arbeitshallen verwandeln, in denen die jungen Menschen handfeste Berufe erlernen können. Bessert man einen Menschen, indem man ihn einsperrt? Wir machen es uns zu leicht!«

Lisbeth Samain ist von ihren Kollegen, »studierten« Juristen – sie war nur eine »Volksrichterin«, eine derer, die man 1945, um Ersatz für die davongejagten Nazi-Richter zu schaffen, in einem Schnellkursus mit den wichtigsten Paragraphen vertraut gemacht hatte – oft als Utopistin, als Träumerin belächelt worden; in Hilde Benjamin, der Stalinistin, hatte sie eine erbitterte Feindin. Und als sie einen ihrer früheren Angeklagten, dessen Intelligenz sie erkannte und der nach der Strafentlassung keine Bleibe hatte, bei sich aufnahm und für ihn sorgte wie für den eigenen Sohn, unterschob man ihr sexuelle Motive und steigerte diese Verdächtigungen bis zum Rufmord, so daß man sie unter einem Vorwand vorzeitig in Rente schickte. Aber hatte Lisbeth nicht hundertfach recht behalten, wenn sie wieder und wieder – wenn man schon auf die Gefängnisse nicht völlig verzichten konnte – einen humaneren Strafvollzug forderte? Übrigens, was wußten wir schon von den Verhältnissen in unseren Gefängnissen? Lisbeth wußte wahrscheinlich etwas mehr als ich, denn der eine oder andere jugendliche Täter mag ihr erzählt haben, daß er geschlagen worden war. Ich dagegen konnte Schlimmes nur ahnen: Ich hatte in den siebziger Jahren eine Reportage über unseren Strafvollzug schreiben wollen, war aber schon an der ersten Hürde, dem Innenministerium, das mir grünes

Licht hätte geben sollen, gescheitert. Offenbar hatte ich verbotenes Gelände betreten wollen, in das keinem Unbefugten Einblick gewährt werden durfte.

Doch zurück zu Frau Kannenberg. Die zierliche, sympathisch wirkende Frau erklärt mir zunächst, was sie unter einer erzwungenen Adoption versteht. Man könne nur dann von einer Zwangsadoption reden, meint sie, wenn zuvor zwischen Eltern und Kind ein harmonisches Verhältnis bestand, daß nur durch die gewaltsame Trennung von dem Kind – meist nach mißlungener Flucht der Eltern – abrupt unterbrochen wurde. Über 1300 Adoptionen müßten nun daraufhin überprüft werden, ob ihrem Vollzug politische Gründe zugrunde lagen – eine Heidenarbeit, wie man sich denken könne. Im Einigungsvertrag sei ursprünglich der Termin, bis zu dem Betroffene einen Antrag auf Aufhebung des Adoptionsbeschlusses stellen könnten, auf den 2. Oktober 1991 festgesetzt worden. Doch das sei nicht zu schaffen, und glücklicherweise sei der Termin um zwei weitere Jahre verschoben worden. Sie sei sehr froh darüber, sagte sie sichtlich erleichtert, denn nun könne man sensibel und behutsam an jeden Fall herangehen, der ja für den Betreffenden von enormer Bedeutung sei. Unter Umständen könne sich sein ganzes Leben mit einem Ruck verändern.

Daß dies in der Tat so ist, wird mir klar, als sie erzählt, daß vorwiegend Mütter und Väter, die in den letzten Jahren ein Kind adoptiert haben, jetzt verunsichert sind. Ging bei ihrem Adoptionsverfahren »alles rechtens« zu? »Was ist, wenn wir plötzlich unseren fünfjährigen Florian wiederhergeben müssen?« fragt ein Ehepaar aus Marzahn verzweifelt. Und ein Jugendlicher, der im Kinderheim aufwuchs, fragt sich plötzlich, ob nicht auch er seinen Eltern gewaltsam entrissen wurde? Einige Ereignisse aus früheren Jahren und fehlende Informationen über seine Herkunft hätten ihn plötzlich stutzig gemacht. Die DDR-Behörden hätten ihm auf Anfragen immer gesagt, es sei besser für ihn, über seine Eltern nichts zu wissen. Erst als er sich 1976 bei der Volksarmee als Jagdflieger bewerben wollte, habe man ihn mit Hinweis auf seine im Westen lebende Mutter abgelehnt. Damals habe er zum ersten Mal gehört, daß seine Mutter noch irgendwo lebe. Doch weitere Auskünfte habe er nicht erhalten können.

Und wie sieht es aus, wenn Eltern und Kinder – die inzwischen erwachsen sind – nach so vielen Jahren wieder zueinanderfinden? Es hat diese Begegnungen gegeben, und jedesmal standen sich Eltern und Kinder fremd gegenüber. Konnte man es anders erwarten? Wieder denke ich an Ruth T., die zwanzig Jahre lang in einem sowjetischen Straflager war. Bei ihrer Verhaftung hatte sie ihren dreijährigen Sohn zurücklassen müssen, der dann später – gegen ihren Willen – adoptiert worden ist. Erst nach ihrer Freilassung hat sie ihren Jungen nach unendlichen Bemühungen wiedergefunden; er war jetzt ein erwachsener Mann. Er übersiedelte später mit ihr nach Deutschland, konnte studieren, wirkt jetzt als Arzt. Er ist gut zu seiner Mutter, liest ihr jeden Wunsch von den Augen ab. Aber wenn man Ruth, die unendlich harte Jahre erleiden mußte, danach fragt, was das schwerste, das bitterste in ihrem

Leben war, dann sagt sie: »Daß ich meinen Sascha nicht selber großziehen konnte. Er ist gut zu mir, ja – aber er ist mir doch im Grunde entsetzlich fremd.« – Dies geschah, wie gesagt, unter Stalin. Und nun erfahren wir, daß es auch in der DDR solche Praktiken gab; daß man Eltern, die dies Land verlassen wollten, ihre Kinder wegnahm. Und es ist kein Trost für uns, die in diesem Land gelebt und es in vielen Dingen verteidigt haben, wenn Frau Kannenberg jetzt bestätigt, daß es nachgewiesene Zwangsadoptionen bisher »nur« in drei Fällen gab, und bei weiteren drei oder vier Fällen bestünde ein begründeter Verdacht darauf. Aber ob drei oder sechs oder hundert Fälle, macht das einen Unterschied? Hier sind Verbrechen an Menschen begangen worden, und da ist ein einziger Fall schon zu viel.

Die drei Zwangsadoptionen, die Frau Kannenberg erwähnt, wurden Anfang der siebziger Jahre vollzogen. Doch schon im Oktober 1972, nach Abschluß des ersten deutsch-deutschen Verkehrsvertrages, soll es kleine Konzessionen gegeben haben. Nach einer Veröffentlichung im »Spiegel« (1975) durften 25 junge Frauen, die mit westdeutschen Bürgern verlobt waren, mit ihren Kindern ausreisen. Und nach Paraphierung des Grundvertrages erhielten weitere 308 Minderjährige die Fahrkarte nach dem Westen. Rund 500 Einzelreisende unter 18 Jahren wurden ihren Eltern in der Bundesrepublik zugeführt, und etwa 1230 Kinder durften mit ihrer Mutter im Rahmen der Familienzusammenführung zum Vater in den Westen reisen. Innerhalb von dreieinhalb Jahren gab es also, immer nach der Veröffentlichung im »Spiegel«, 2000 Kinderpassagen. Diese Angabe finde ich bestätigt durch einen Passus im Einigungsvertrag, in dem es heißt: »Die Wirksamkeit der Bemühungen der Bundesregierung um Familienzusammenführung wird durch folgende Zahlen belegt: Seit 1965 sind 1395 Kinder zu ihren Eltern in die Bundesrepublik Deutschland übergesiedelt.«

So darf man also den ehemaligen oder noch heute im Amt befindlichen MitarbeiterInnen der Referate Jugendhilfe glauben, wenn sie heute behaupten, von Zwangsadoptionen nie etwas gewußt zu haben? Auch dem Heimerzieher und jetzigen stellvertretenden Leiter des Makarenko-Säuglingsheims in Berlin-Johannistal, Hans Leitner, der viele Jahre lang als ehrenamtlicher Jugendhelfer gewirkt hat, »war von Zwangsadoptionen nichts bekannt«. Rechtsgrundlage für jede Adoption, erklärt er, sei das Familiengesetzbuch gewesen, und immer sei »zum Wohle des Kindes« entschieden worden. (Im Bundesgesetz wird, anders als im Familiengesetz der DDR, den Elternrechten gegenüber dem Wohl des Kindes der Vorrang gegeben). Fehlte die elterliche Einwilligung zur Adoption, so konnte das Gericht laut Familiengesetz nach »schuldhafter Verletzung der Pflichten« dafür entscheiden – eine Formulierung, die auch Hans Leitner für recht auslegbar hält. Denn was zählte zu »schwerer Pflichtverletzung«? Im einzelnen nannten die Richter: »Unzureichende Ernährung; mangelnde Pflege und Sauberkeit; fehlende Aufsicht; Mißhandlung; sexueller Mißbrauch; unregelmäßiger Schulbesuch; Ablehnung staatlicher und gesellschaftlicher Hilfe.« Aber auch:

»asoziale Lebensweise der Eltern; Gefährdung im Zusammenhang mit dem Mißbrauch der Transitwege oder bei Grenzverletzungen«.

Zu letzterem kann man in der Zeitschrift »Jugendhilfe«, 1974, von Lothar Dietrich lesen:

»In neuester Zeit gab es mehrere Fälle, in denen die Organe der Jugendhilfe mit schweren elterlichen Pflichtverletzungen in Zusammenhang mit anderen strafbaren Handlungen konfrontiert wurden. Dabei wurden in besonders hohem Maße Leben, Gesundheit oder Entwicklung Minderjähriger gefährdet oder geschädigt. Wir verstehen darunter zum Beispiel die akute Gefährdung ... Minderjähriger im Zusammenhang mit dem Mißbrauch der Transitwege der Deutschen Demokratischen Republik oder bei Grenzverletzungen. Kinder werden in Verstecken, die nicht zur Personenbeförderung bestimmt sind, untergebracht, zum Teil unter Einfluß von Schlafmitteln oder anderen Drogen und damit nicht abzusehenden Gefahren ausgeliefert. Ohne medizinische Erfordernis und ohne ärztliche Kontrolle verabreichte Beruhigungsmittel, spezielle Narkotika oder Drogen stellen schon allein eine Gefährdung der Gesundheit und des Lebens Minderjähriger dar. Wenn darüber hinaus diese Minderjährigen den bekannten ... Gefahren bei illegalen Grenzüberschreitungen ausgesetzt werden, die Erziehungsberechtigten in diesem Zusammenhang strafbare Handlungen begehen und sich dafür zu verantworten haben, nehmen sie sich selbst die Möglichkeit zur weiteren Erziehung ihrer Kinder. Auf lange Zeit berauben sie ihre Kinder der Fürsorge durch die Familie. Die

Minderjährigen müssen aus diesen Gründen ihre gewohnte Umgebung verlassen und sich in andere Gemeinschaften einleben. Durch derartige verantwortungslose Handlungen der Erziehungsberechtigten werden die Kinder besonders hart betroffen. Es ist deshalb eine besondere Aufgabe unseres Staates – entsprechend den jeweiligen konkreten Erfordernissen –, die für die weitere Entwicklung dieser Minderjährigen günstigsten Lebens- und Entwicklungsmöglichkeiten zu schaffen ...« ... und sie an Adoptionseltern zu vermitteln, möchte man hier hinzufügen, wie es leider in manchen Fällen geschehen ist. Denn die Organe der Jugendhilfe wurden ja direkt dazu angehalten, »im eigenen Bereich, darüber hinaus in der Öffentlichkeit, eine Atmosphäre der Unduldsamkeit gegen Erscheinungen des Elternversagens zu entwickeln«. Und in Punkt 9 des Kommentars des Zentralen Jugendhilfeausschusses wird ausdrücklich darauf hingewiesen, daß »die Verfahren auf Entzug des Erziehungsrechtes dem Schutz der Minderjährigen dienen und Sanktionscharakter tragen«.

So weit der Rechtfertigungsversuch in der Zeitschrift »Jugendhilfe«, dem Organ der Abteilung Jugendhilfe im Ministerium für Volksbildung.

Wieviele Zwangsadoptionen es nun wirklich in der ehemaligen DDR gab, müssen jetzt diejenigen herausfinden, die die Aktenberge aus früheren Jahren überprüfen sollen. Diese Sichtung wird äußerst langwierig sein. Doch können Betroffene dort, wo der Verdacht auf eine Zwangsadoption vorliegt, auf Antrag selber Einsicht in die Akten nehmen. »Denn«, so Martin Patzelt, der Leiter der Magdeburger Clearingstelle, »es ist unmöglich und im Interesse vieler Eltern auch nicht vertretbar, sämtliche in der DDR vorgenommenen Adoptionen zu überprüfen.« Doch würden Betroffene in der Clearingstelle umfassend beraten werden. Die leiblichen Eltern haben, unabhängig vom Alter der Kinder, das Recht, Klage auf Aufhebung des Adoptionsbeschlusses beim Vormundschaftsgericht einzureichen. Auch die Kinder können von diesem Recht Gebrauch machen. Daß viele von ihnen, die inzwischen erwachsen sind, gar keine Änderung mehr wünschen, steht auf einem anderen Blatt. Die Erzieher befürchten, daß große, fast unlösbare Probleme auf diese jungen Menschen zukommen, wenn sie sich plötzlich ihren leiblichen Eltern gegenübersehen. Aber einer Annullierung der Adoption, die das Vormundschaftsgericht entschieden hat, müßten sie zustimmen, erklärt mir Frau Kannenberg. Sie versucht daher gegenwärtig in ihrem Amt, durch ausführliche Gespräche mit den leiblichen Eltern oder deren Kindern rechtliche Möglichkeiten zu finden, durch die die Betroffenen rehabilitiert werden können, ohne daß erst ein umständliches Verfahren auf Rücknahme der Adoption in Gang gesetzt werden muß, das in das Dasein aller nur Leid und Unruhe bringt – in das Leben der Kinder sowohl wie in das der beiden beteiligten Elternpaare.

Blick nach vorn

Und wie soll es weitergehen mit der Jugendarbeit? Ich stelle mir diese Frage in einer Zeit, in der die Spalten der Zeitungen angefüllt sind mit Horrorgeschichten über Untaten Jugendlicher. Da hat eine Gruppe von ihnen einen Vorortzug gestürmt und die Fahrgäste terrorisiert, die nicht wagten, sich gegen die wilde Horde zur Wehr zu setzen; da werden Ausländer von Skinheads am hellerlichten Tage überfallen und zusammengeschlagen; da ist in den achten und neunten Klassen einer Gesamtschule – so das Resultat einer Umfrage – schon jeder dritte Schüler mit Drogen in Berührung gekommen, und jeder zweite Schüler in diesem Berliner Außenbezirk – einer sogenannten Schlafstadt, in der es keinen Jugendklub, ja, nicht einmal ein Kino gibt – versteht sich als »Rechter« oder »Neonazi«. Sie finden sich abends zusammen, um »Peacer, also Linke, oder Fidschis oder Bullen aufzuklatschen«, wie sie es nennen. Die Vietnamesen, die frierend vor dem Eingang zur Kaufhalle ihre Zigaretten feilbieten, beginnen schon zu zittern, wenn in der Schule gegenüber die Klingel zur Pause ertönt. Denn sie wissen: Wenige Minuten später werden die Halbstarken, wie immer in Gruppen, schaukelnden Ganges zu ihnen herüberschlendern und provokatorisch nach »ein paar Kippen« verlangen. Und wehe dem, der ihnen dann nicht sofort »freiwillig« ein paar Schachteln herüberreicht! Die Polizei registriert fast täglich, daß es wieder – da und dort – einen Überfall auf Vietnamesen gegeben hat. Befragt man jedoch die Jugendlichen selbst, wie es ein Journalist einer großen Berliner Zeitung kürzlich tat, so bekommt man zur Antwort, daß es Gewalt an dieser Schule nie gegeben habe. »Wen sollten wir denn verprügeln?« fragt einer dümmlich-verschlagen. »Hier sind doch alle rechts.« Und das sagt ein Schüler der neunten Klasse, der immerhin sieben Schuljahre hinter sich hat, in denen seine Lehrer sich bemühten, ihm Begriffe wie Antifaschismus und Völkerfreundschaft nahezubringen. Die Saat ging nicht auf, wie wir heute sehen.

Ich habe Frau Petra Troppa um ein Gespräch gebeten. Ich weiß, daß sie zwei Jahrzehnte hindurch im Gesundheitsministerium der DDR gearbeitet hat und für das Gebiet des Krippenwesens verantwortlich war. Seit der Wende arbeitet sie im Bundesministerium für Frauen und Jugend in Bonn. Wie sieht sie, die mit unserer Jugendarbeit in der Vergangenheit bestens vertraut war, die neuen Probleme, die mit der rasch umsichgreifenden Ausländerfeindlichkeit und mit der Drogengefahr auf uns zukommen, und wie können die Jugendämter ihrer Meinung nach diese Probleme bewältigen? War es nicht ein Fehler, frage ich sie, die Jugendhilfe-Ausschüsse, die doch für die hauptamtlichen Jugendfürsorger eine große Hilfe bedeuteten, einfach abzuschaffen?

Nun, sie wurden keineswegs »abgeschafft«, höre ich, sondern lediglich in ihrer bisherigen Zusammensetzung zunächst aufgelöst. Sie sollen aber in neuer Zusammensetzung wieder erstehen. Jeder könne beim Jugendamt den Antrag stellen, in einer solchen Kommission ehrenamtlich mitzuarbeiten. Die Größen der Kommissionen seien unterschiedlich, sie würden von jedem Land und jeder Kommune festgelegt. Ohnehin sei nicht die Größe entscheidend, sondern wichtig sei allein, ob sich eine Kommission wirklich als arbeitsfähig erweise. In der Vergangenheit hätten wir oft 1000 Leute in 100 Kommissionen gehabt, die dennoch nicht allzuviel bewirkt hätten. Manche Mitglieder aus Betrieben zum Beispiel, die hinzugewählt werden mußten, hätten von Jugendarbeit wenig Ahnung gehabt. Heute lege man Wert darauf, fachkompetente Menschen für die Mitarbeit zu gewinnen, zum Beispiel Lehrer, Leiter von Jugendklubs oder Heimerzieher, also Persönlichkeiten, die schon durch ihren Beruf engen Kontakt zur Jugend hätten und um ihre Sorgen und Probleme wüßten. Bei solcher Zusammensetzung könnten fünf Leute genau so gute Arbeit leisten wie vielleicht zwanzig. Jedenfalls werde auch in Zukunft nicht der Jugendamtsleiter allein darüber entscheiden, ob einer Frau das Erziehungsrecht abgesprochen werde oder ähnliches, sondern er werde jeden Fall mit der Kommission erörtern.

Frau Troppa kommt bald auf ihr Lieblingsthema zu sprechen, das ihr besonders am Herzen liegt: ein sogenanntes Pilotprojekt, das erstmalig in Erfurt verwirklicht wurde, inzwischen aber auch in anderen Orten bereits im Entstehen ist. Im § 19 des neuen »Kinder- und Jugendhilfegesetzes« heißt es dazu: »Müttern oder Vätern, die allein für ein Kind unter sechs Jahren zu sorgen haben, sollen Betreuung und Unterkunft gemeinsam mit dem Kind in einer geeigneten Wohnform angeboten werden, wenn und solange sie aufgrund ihrer Persönlichkeitsentwicklung dieser Form zur Unterstützung bei der Pflege und Erziehung des Kindes bedürfen. Während dieser Zeit soll darauf hingewirkt werden, daß sie eine schulische oder berufliche Ausbildung aufnehmen oder fortführen und eine Berufstätigkeit aufnehmen können.«

Meine Gesprächspartnerin ist begeistert von dieser Idee. »Irgendwie muß doch mal die Kette unterbrochen werden«, sagt sie, »daß wir die Kinder in Heime stecken und sie dadurch für immer von der Mutter lösen. Das haben wir ja in der Vergangenheit praktiziert. Die Kinder kamen ins Heim, und die jungen Mütter konnten ihren Freiraum ausleben. Letztendlich hatten die Mütter keine Möglichkeit mehr, mit ihrem Kind zu leben, und wir haben sie dann allein gelassen. Wir haben es ihnen, wenn Sie so wollen, zu leicht gemacht, indem wir ihnen einfach die Kinder abnahmen. Wir haben Mutter und Kind getrennt und dann darauf gehofft oder es sogar erwartet, daß sich die Beziehung irgendwann einmal normalisieren würde. Aber das war ein Trugschluß, das funktionierte nicht.«

Meine Gedanken gehen unwillkürlich zu Brigitte S. und ihren Geschwistern zurück, die von ihrer Mutter jahrelang in Heimen belassen wurden, obwohl durchaus keine Notwendigkeit zur Heimunterbringung der Kinder bestand. Und ich denke an die vielen anderen Dauerheimkinder, die von ihren Müttern und Vätern »vergessen« wurden. Alle hatten sie ihre Kinder praktisch »ausgesetzt«, und der Staat hatte ihnen dabei noch hilfreich die Hand gereicht. Es ist wahr, dieser Teufelskreis muß einmal, im Interesse der Kinder, die immer die Leidtragenden waren, unterbrochen werden. Doch wie kann man Eltern nachdrücklicher und erfolgreicher, als es den Jugendfürsorgern bisher möglich war, auf ihre Pflichten gegenüber den Kindern hinweisen oder sie vorbereiten?

Sehr wichtig sei es ihrer Meinung nach, sagt Frau Troppa, daß die Mütter schon während der Schwangerschaft in diese Mutter-Kind-Einrichtung kämen. Hier hätten sie die Möglichkeit, mit dem Jugendfürsorger über ihre Probleme zu sprechen und ein Stück Selbständigkeit zu erlernen. In Gesprächen würden sie darauf hingewiesen, was es heißt, Mutter zu werden und Mutter zu sein. Von hier aus gingen sie zur Entbindung, und sie kämen mit dem Baby hierher zurück, um in der kleinen Einraumwohnung mit Küche und Bad, die man ihnen zur Verfügung stellt, zusammen mit ihrem Kind zu leben. Übrigens wolle man auch die Väter in die Vorsorge miteinbeziehen. Auch sie müßten ja erst lernen, was es heißt, eine Familie zu gründen und mit der Familie zu leben. Wichtig sei auch die berufliche Weiterbildung. Sie habe eine junge Mutter gesprochen, die schon mit fünfzehn schwanger wurde und von zu Hause wegzog. Sie kann hier die Schule beenden und eine Berufsausbildung aufnehmen. Während sie in der Schule ist, wird ihr Kind tagsüber vom Heim betreut.

In Erfurt leben so zur Zeit acht Mütter mit ihren Kindern, und es gibt schon eine Reihe von Voranmeldungen. Später sollen hier fünfzehn bis sechszehn Mütter Aufnahme finden. Man wird darauf achten müssen, daß man wirklich nur die aufnimmt, die es am nötigsten haben. Die JugendfürsorgerInnen des Heims sollten aber auch jenen, die noch zu Hause wohnen, beratend zur Seite stehen, so, wie es in der Konzeption des Heims, die mir vorliegt, verankert ist. Es heißt dort: »Unser Heim, eine kommunale Einrichtung des Magistrats der Stadt Erfurt, bietet Erziehungshilfe und Beratung für alle, die unser Angebot nutzen wollen.« Man will in akuten Krisensituationen »Prophylaxe und Therapie miteinander verknüpfen und nicht nur in augenblicklichen Notlagen Erziehungshilfe leisten, sondern durch sozialpädagogische und rehabilitierungspädagogische Arbeit die Voraussetzungen schaffen«, daß die Betreuten künftig ein selbständiges Leben ohne fremde Hilfe führen können. Insgesamt werden 54 bis 60 Plätze zur Verfügung stehen. Darunter gibt es 9 Wohneinheiten für Mutter und Kind, die befristet dort untergebracht sind. Die Dauer des Aufenthaltes ist unterschiedlich. In manchen Fällen wird man schon nach einem halben Jahr zu der Überzeugung kommen, daß die Mutter mit dem Kind gemeinsam leben kann. In anderen Fällen wird es länger dauern, maximal bis zu drei Jahren. Wenn dann die Beziehung zu dem Kind immer noch lose ist, so daß man befürchten muß, daß ein harmonisches Zusammenleben zwischen Mutter und Kind nicht gewährleistet werden kann, dann wird man das Kind im Heim belassen. Hier bleibt es allerdings nur bis zum Schuleintritt.

Schon ein flüchtiger Blick auf die Konzeption läßt erkennen, daß das ganze Projekt äußerst kostspielig ist. Eine große Zahl von BetreuerInnen, ErzieherInnen, zum Teil mit sonderpädagogischer Ausbildung, von Schwestern und HeilpädagogInnen und von Honorarkräften, dem Kinderarzt und einem Psychologen, die jeweils sechs Stunden wöchentlich in Bereitschaft sein sollen, wird benötigt, um alle die Ziele, die sie sich gesteckt haben, verwirklichen zu können. Dazu kommt noch die zehnköpfige Belegschaft aus dem Wirtschaftsbereich. Welche Kommune, besonders aus den neuen Bundesländern, wird sich einen solchen Aufwand leisten können? Das eben sei das Problem, räumt meine Gesprächspartnerin ein; die Kostenfrage sei noch ungeklärt. Da die Jugendlichen kein eigenes Einkommen hätten, könne man allenfalls die Eltern zur Kasse bitten. Seien die mittellos, müsse das Jugendamt einspringen. Denn man müsse den jungen Müttern und dem zu erwartenden Kind eine Chance bieten. »Wir wollen ja gerade für Randgruppen etwas tun«, sagt Frau Troppa. Da müsse man eben auch die Kosten tragen. Denn aus eigener Kraft schafften es die Betroffenen nicht, mit der neuen Situation fertig zu werden – das habe die Vergangenheit zur Genüge gezeigt. Viele stammten ja aus zerrütteten Familienverhältnissen, und wenn dazu noch eigene Belastungen kämen, glitten sie allzuleicht ab ins Asoziale.

Ich möchte wissen, ob man die Frauen, nachdem sie

das Heim verlassen haben, weiter im Auge behält. Aus der Konzeption ist ersichtlich, daß eine Nachbetreuung nach der Entlassung durchaus möglich ist, allerdings nur auf Wunsch. »Wir hoffen ja«, sagt Frau Troppa, »die jungen Mütter zu eigenverantwortlicher und selbständiger Lebensweise befähigt zu haben.« Man müsse ihnen die Verantwortung für die Familie, für das eigene Kind, die bisher in unserer Erziehung vernachlässigt wurden, wieder ins Bewußtsein rufen. Solange die Frauen voll berufstätig waren, sei es schwierig gewesen, berufliche und familiäre Pflichten unter einen Hut zu bringen. Auch heute noch falle es den jungen Frauen, die ihre ganze Kindheit in Kindereinrichtungen verbracht hätten, schwer, sich plötzlich auf die Familie zu konzentrieren. In der Bundesrepublik, wo die Mütter vielfach zu Hause waren, lebten die Kinder nur in der Familie; in der DDR dagegen verbrachten die Kinder fast den ganzen Tag in einer Kindereinrichtung. Wenn das Kind aber nur den halben Tag im Kindergarten verbringe, auch wenn die Mutter arbeitslos sei, so könne das für beide Teile hervorragend sein. Das Kind erlebe die Gemeinschaft, und auch die Mutter habe etwas Freiraum für sich. Allerdings sei auch alles eine Kostenfrage. Der Preis für die Unterbringung inclusive Mittagessen werde etwa bei hundertfünfzig Mark im Monat liegen, sei aber unterschiedlich, je nach der Trägerschaft. Vom Jugendamt werde darauf gesehen, daß die Preise nicht sinnlos in die Höhe stiegen.

Sicher wird sich eine Mutter, die vom Arbeitslosengeld oder sogar nur von Sozialhilfe-Unterstützung lebt, dreimal überlegen müssen, ob sie hundertfünfzig Mark im Monat aufwenden kann, nur um ihr Kind halbtägig unterzubringen. Und wenn sie sogar mehrere Kinder hat? Muß sie ihre Kinder aber allein zu Hause versorgen, so wird es ihr unmöglich sein, eine Arbeit zu finden. Übrigens bezweifle ich, daß überhaupt genügend Kindergarten-Plätze vorhanden sind. In den alten Bundesländern finden – nach einer Studie des Bundes-Frauenministeriums – nur drei Prozent der Kinder bis zu drei Jahren und zwei Drittel der Drei- bis Sechsjährigen einen Platz in der Krippe oder im Kindergarten. Und in Ostdeutschland drohen nach dem Arbeitsplatzabbau – allein in Berlin wurden bekanntlich im Kita-Bereich 1500 ErzieherInnen-Stellen eingespart – ähnliche Verhältnisse. Nicht umsonst hat daher Frauenministerin Angela Merkel kürzlich erklärt, daß sie sich für einen Rechtsanspruch der Frauen auf einen Kindergartenplatz und für den verstärkten Ausbau der Ganztagsbetreuung von Kindern unter drei Jahren einsetzen wolle – eine Forderung, der übrigens kürzlich im Brandenburger Parlament durch ein Kita-Gesetz, das jedem Kind einen Kindergartenplatz garantiert, bereits entsprochen wurde.

Auch die Betreuung der größeren Kinder im Hort bereitet noch Sorgen. Er gehört zum Freizeitbereich, ist aber jetzt noch an die Schulen angebunden, einfach weil andere Räume fehlen. Auch mangelt es – nach »Abwicklung« der bisherigen HorterzieherInnen, die meist PionierleiterInnen waren – an geeigneten ErzieherInnen, die fähig sind, Arbeitsgemeinschaften für verschiedene Interessengebiete zu gründen und anzuleiten. Es sei ja wichtig, sagt Petra Troppa, daß die MitarbeiterInnen im Hort oder im Kindergarten von der Chance, Inhalt und Profil selbst zu bestimmen, wirklich Gebrauch machten. Niemand dürfe mehr auf zentrale Anweisungen warten, sondern sie müßten kreativ tätig werden und dabei stets der Individualität jedes Kindes, die ja zweifellos da sei, die wir aber viele Jahre hindurch negiert hätten, Rechnung tragen. Der Erzieher müsse endlich begreifen, daß jedes Kind eine eigenständige und einmalige Persönlichkeit sei. Er solle auch bestimmte Neigungen und Fähigkeiten des einzelnen Kindes beizeiten erkennen und nach Möglichkeit fördern. Weiter müsse er aber auch denen, die keine spezifische Begabung hätten, die Möglichkeit bieten, für sich das Positivste herauszufinden. Auch die leicht behinderten Kinder bedürften der besonderen Zuwendung. Sicher seien dies alles hohe Anforderungen, die man neuerdings an die Erzieher stelle. Sie könnten nicht mehr darauf warten, daß ihnen jemand sage, was sie zu tun hätten, sondern sie seien selbst gefragt.

Die Bürger aus den neuen Bundesländern werden also umlernen müssen. Vielen fällt das schwer. Auch in den Kindergärten, wo den Eltern jetzt das Recht eingeräumt wird, Vorschläge für den Tagesablauf zu machen und das inhaltliche Konzept der Einrichtung mitzubestimmen, wird davon noch wenig Gebrauch gemacht. Oft wird einfach das westdeutsche Programm übernommen. Aber das geht meistens schief, weil wir andere Bedingungen, andere Menschen haben. Da gibt es oftmals Enttäuschungen.

Wir dürfen aber die heranwachsende Jugend nicht sich selbst überlassen. Sie sind zutiefst verunsichert, weil alle ihre Ideale, an die sie bisher – mehr oder minder – geglaubt haben, plötzlich nichts mehr taugen. Mit der neugewonnenen Freiheit wissen sie noch nichts anzufangen. Manche greifen bereits zu Drogen. Andere bauen auf körperliche Gewalt. Aber alle sind auf der Suche, wie mir scheint ...

Hoffen wir, daß sich in den neuen Jugendämtern mit ihren ehrenamtlichen Helfern genügend Menschen finden, die die Sorge um die Jugendlichen zu ihren eigenen machen. Die der Jugend helfen, die neue Welt, in die sie hineingestürzt sind, verstehen zu lernen und darin vielleicht sogar Werte zu finden, für die zu leben es sich lohnt.

Epilog

Hier wollte ich eigentlich unter mein Manuskript das Wort ENDE setzen. Doch da erreichte mich überraschend ein Telefonanruf: Eine Frau Hahnel aus Passau verlangte mich zu sprechen. Sie habe von meinem Vorhaben gehört, und sie nehme an, daß ich mich in meinem Buch für die Mütter einsetzen wolle, die aus irgendwelchen Gründen von ihrem Kind getrennt wurden. Viele Verfahren liefen zur Zeit, um diese Kinder, die von gutgläubigen Elternpaaren adoptiert wurden, der leiblichen Mutter wieder zuzuführen. Bei den Vormundschaftsgerichten häuften sich Anträge, um die vor Jahren vollzogenen Adoptionen wieder rückgängig zu machen. Ob ich mir wohl mal vor Augen geführt hätte, wieviel Unruhe und Leid diese schwebenden Verfahren über die Betroffenen brächten, über die Kinder sowohl als auch über die Adoptiveltern, die das Kind bisher längst als das ihre betrachtet und es oft unter Hintanstellung eigener Wünsche, ja, sogar unter Opfern großgezogen hätten? Man habe einander doch liebgewonnen, und jetzt solle man sich trennen, was meist auch für die Kinder eine große Härte bedeute. Warum konnte man die alten Geschichten nicht ruhen lassen?, fragt mich die Stimme verzweifelt.

Ich weiß um die Problematik des Kreidekreis-Themas. Und meine Sympathie wird immer eher bei denen liegen, die das Leben des Kindes viele Jahre hindurch gestaltet haben: die es am ersten Schultag begleiteten und seine Freunde kannten, die mit seinen Lehrern Kontakt aufnahmen, die ihm zu Weihnachten seinen Lieblingswunsch auf den Gabentisch legten. Erst das Leben mit dem Kind, die gemeinsam durchlebten Freuden oder Schmerzen, schaffen das echte Eltern-Kind-Verhältnis, während nicht jede Frau, die ein Kind zur Welt bringt, sich auch als Mutter erweist – die Jugendämter wissen davon ein Lied zu singen.

Frau Hahnel erzählt mir, immer wieder von Schluchzen unterbrochen, ihre Leidensgeschichte. Vor zwölf Jahren habe sie ihr kleines Mädchen, eine Frühgeburt, aus dem Brutkasten heraus zu sich ins Haus geholt. Die Mutter war einverstanden, das Kind wegzugeben. Sechs Jahre lang hätten sie – ihr Mann, sie selbst und das Kind – ein glückliches Familienleben geführt. Damals schwebte noch das Adoptionsverfahren, das sich außergewöhnlich lange hinzog, weil die Mutter, die ihre Einwilligung geben sollte, im Gefängnis saß. Warum sie einsaß, hätten sie nie genau erfahren; es hieß, sie hätte wohl für ihre beiden Söhne, die gleichfalls nicht bei ihr lebten, nie den Unterhalt gezahlt. Sie selbst hatten keinen Kontakt mit der Frau, hätten am Ende wohl sogar verdrängt, daß es sie überhaupt gab. Bis ... ja, bis die Frau eines Tages das Kind entführt hatte! Aus ihrer Wohnung heraus! Nachbarn, die Zeuge des Vorfalls waren, hätten ihnen erzählt, daß sich die Kleine wütend gewehrt hätte – doch es half alles nichts: das Kind wurde von der Mutter die Stufen hinuntergezerrt, in ein Taxi gestoßen und davongefahren. Es war damals gerade sechs Jahre alt.

»Ja, und jetzt wird sie zwölf«, sagte Frau Hahnel am Telefon. »Und die ganzen sechs Jahre, die dazwischen liegen, gab es nicht einen Tag, an dem ich nicht an unsere Kleine gedacht hätte. Ich bin fast verrückt geworden vor Sehnsucht. Ich habe Eingaben geschrieben, ans Jugendamt, an die Politiker, aber es war alles umsonst. Das Kind bleibt für uns verschollen. Wissen Sie, das ist schlimmer als ein Todesfall. Wenn sie gestorben wäre, könnten wir auf den Friedhof gehen und mit ihr Zwiesprache halten. Wir wüßten, daß niemand mehr imstande ist, ihr ein Leid anzutun. Aber jetzt? Wo sollen wir sie in Gedanken suchen? Bei der Frau, die so herzlos war, sie nach sechs Jahren, in denen sie nicht ein einziges Mal nach ihrem Kind gefragt hat, aus einer glücklichen Familie herauszureißen?«

Ich kenne den Fall nicht genauer. Sicher müßte man, um nicht voreilige Schlüsse zu ziehen, auch die Gegenpartei hören, also die Mutter des Kindes, vor allem aber auch das Mädchen selbst, das mit seinen sechs Jahren damals schon hätte bestätigen können, daß es sich bei den Pflegeeltern wohl und geborgen fühlte – sonst hätte es sich wohl kaum gegen die Entführung zur Wehr gesetzt. Aber das Kind wurde, wenn man Frau Hahnel glauben darf, nie gefragt! Wieder stehen sich also, wie in vielen ähnlichen Fällen, zwei Frauen in unversöhnlichem Haß gegenüber.

Aber muß das so sein? Beide Mütter behaupten doch, das Kind, um dessen »Besitz« sie ringen, aus vollem Herzen zu lieben! Sollte es zwei erwachsenen Menschen nicht möglich sein, auf einer vernünftigen Basis miteinander ins Gespräch zu kommen, einander zu achten und ein für alle Teile annehmbares Abkommen zu treffen? Daß dies möglich ist, beweist ein Fall, der mir kürzlich zu Ohren gekommen ist und der hoffen läßt:

Die rivalisierenden Mütter sind diesmal zwei Frauen, die im Beruf äußerst erfolgreich sind, die eine, Britta, als Journalistin, die andere, Ulla, als Politikerin. Der Weg zum Erfolg war, vor allem für Ulla, beschwerlich. Schon die Fünfzehnjährige wurde vom Stiefvater sexuell mißbraucht, und mit sechzehn bringt sie ihr Kind zur Welt, eine Tochter, die sie Stefanie nennt. Sie gibt das Kind zur Adoption frei, kommt selbst ins Heim. Sie will noch einmal ganz von vorn anfangen, will das Vergangene vergessen, sich in die Arbeit stürzen. Sie lernt Friseuse, Kontoristin, dann Buchhändlerin, bevor sie ihr Interesse für die Politik entdeckt, die sie dann nie mehr losläßt. Sie nimmt ein Studium auf, besucht Versammlungen, engagiert sich für die Grün-Alternative-Liste, zieht im Dezember 1990 als Abgeordnete in den Bundestag ein. Aber in all den Jahren, die prall mit Arbeit angefüllt sind, hat sie den Gedanken an das Kind, das sie geboren hat, nie unterdrücken können. Ja, die Trauer und die Sehnsucht nehmen so überhand, daß sie befürchten muß, ernsthaft krank zu werden. Da entschließt sie sich zu einem mutigen

Schritt: Sie wendet sich an die Öffentlichkeit. Unter der Überschrift »Ich habe eine Tochter und habe sie auch nicht« schreibt sie einen Artikel (»Brigitte« vom 14. 11. 1990), in dem sie ihre Geschichte erzählt und von ihren verzweifelten, bisher erfolglosen Bemühungen spricht, die Tochter wiederzufinden.

Stefanie, die die Adoptiveltern in Swenja umbenannt haben, weiß seit langem, daß ihre Eltern nicht die richtigen Eltern sind. Sie hat ihre Mutter, also die Frau, die sie geboren hat, sogar schon ein paarmal auf dem Bildschirm gesehen. Doch nie ist ihr in den Sinn gekommen, diese Frau aufzusuchen. Auch die Adoptiveltern haben ihr davon abgeraten. Sie meinten, daß diese Ulla sicher schon eine neue Familie, weitere Kinder hätte, und daß man sich da besser nicht einmischen sollte. Und Swenja hat sich gefügt. Doch jetzt erfährt sie aus dem Artikel, daß die Mutter sie sucht. Sie ist fassungslos, fühlt sich auch schuldig, weil sie all die Jahre hindurch keinen Versuch unternommen hat, sich der Mutter zu nähern. Jetzt aber will sie sie kennenlernen. Sie zieht Britta, ihre Adoptivmutter, ins Vertrauen, und beide suchen eine Therapeutin auf, mit der die Familie befreundet ist; sie soll ihnen helfen, die Verbindung zu Ulla herzustellen. Ulla solle nun endlich auch wissen, bedeutet man der Therapeutin, »daß es uns gibt.«

Ulla hat gehofft, daß die Tochter sich meldet. Aber sie ist nun doch von dem Anruf überrascht, fühlt sich überrumpelt, bringt in der Erregung kein Wort hervor.

Nur verschwommen nimmt sie wahr, welche Bedingungen die Familie an die Begegnung knüpft. Eine Therapeutin werde dem Treffen beiwohnen. Und natürlich werde auch Britta, die Adoptivmutter, anwesend sein. Ulla nickt zu allem, stammelt ihr Einverständnis. Ja, sie käme nach Hamburg, sie werde pünktlich zur Stelle sein. Sie freue sich sehr ...

Freut sie sich wirklich? Zunächst ist die Aufregung größer, läßt sie nachts nicht mehr schlafen, bis es endlich soweit ist, daß sie sich in ihr Auto setzen und losbrausen kann. Aber sie verfährt sich so gründlich, daß sie doch nicht pünktlich, wie sie versprochen hat, am Treffpunkt erscheint, so daß Britta, die nervös mit den anderen wartet, schon argwöhnt, Swenjas Mutter werde doch noch »in letzter Minute kneifen«. Doch da ertönt die Türglocke. Und Ulla sagt später, wenn sie an die nächsten Minuten zurückdenkt, ihr wäre es vorgekommen, als säße die Familie über sie zu Gericht, und sie war es, die sich verteidigen mußte für ihre Vergangenheit. Dafür, daß es ihr nicht gelungen war, das Muttergefühl für ewig in sich abzutöten.

Was ging in den anderen vor? Britta mag die andere zunächst herzklopfend gemustert haben: Das war also die Person, die gekommen war, um ihr das Kind wegzunehmen. Zugleich aber rief sie sich zur Ordnung. Kam es jetzt darauf an, was sie selber empfand? War es nicht viel wichtiger, wie Swenja fühlte? Britta, eine erfahrene Frau, die selbst eine schwierige Mutter-Beziehung zu verarbeiten hatte, weiß von Adoptivkindern, die die Begegnung mit der leiblichen Mutter nie bewältigt haben. Die, auf der Suche nach ihrer Identität, nie mehr froh werden konnten, die in Depressionen verfielen oder sogar durch Selbstmord endeten. War es richtig gewesen, sich auf das Wagnis des Einander-Kennenlernens einzulassen? Britta, die nicht gerade fromm ist, ertappt sich dabei, daß sie die Hände faltet und ein Stoßgebet gen Himmel richtet: »Lieber Gott, mach', daß sich alles zum Guten wendet. Daß Swenja ihr heiterer Sinn erhalten bleibt. Daß sie am Ende sogar glücklich ist – mit ihren beiden Müttern.«

Auch die Therapeutin kennt aus ihrer Praxis viele Adoptivfamilien. Die meisten sind jetzt verunsichert, fürchten, daß die leiblichen Eltern ihr Kind zurückfordern werden. Wissen sie denn, ob bei der Adoption alles rechtens zuging? Die Therapeutin hat sich immer dafür eingesetzt, daß beide Parteien, wenn irgend möglich, einander kennenlernen. »Damit aus Gespenstern reale Personen werden«, sagt sie. »Die oft sogar das Leben bereichern können.«

Reicher wurde das Leben von Swenja und ihren zwei Müttern. Alles verlief so reibungslos, wie es sich die Beteiligten in ihren kühnsten Träumen nicht zu erhoffen wagten. Ulla ist ihrer Tochter eine wirkliche Freundin geworden. Sie haben herausgefunden, daß sie vieles gemeinsam haben: Sie lieben dieselben Schallplatten, dieselben Bücher, und auch in ihren politischen Ansichten stimmen sie überein. Oft treffen sich beide zu einem Stadtbummel, und das sind die seltenen Male, an denen Britta so etwas wie Eifersucht plagt: »Für Ulla hat sie Zeit. Wenn ich aber mal was von ihr will, schützt sie dringende Arbeiten vor.« Aber solche Stimmungen überwindet sie rasch. »Ist ja klar, daß sie gern mit Ulla zusammen ist. Die beiden haben so viel nachzuholen ...«

Doch manchmal treffen sie sich auch zu dritt. Dann holen die beiden Frauen Swenja, die in einem Behindertenheim tätig ist, von der Arbeit ab. Sie melden sich beim Pförtner. Der bedenkt die beiden mit einem langen Blick, und dann hören sie, wie er ins Telefon sagt: »Hier sind Ihre beiden Mütter, die Sie abholen wollen.« Und als Swenja wenige Minuten später am Ausgang erscheint, wispert er ihr ins Ohr: »Eine von denen muß ja wohl spinnen, was? Wo gibt's denn das, daß eine zwei Mütter hat?«

Aber das gibt's. Und man wünschte sich, daß es Schule macht.

Inhalt